머리말

한자 문화권에 살고 있는 우리에게 한자는 필수적인 글자이다.

우리의 생활 속에는 한자어로 표기된 문서나 출판물들이 생각보다 많은데 글을 이해하고 의사를 표현하는 데 있어 한자를 모르면 그 뜻을 알 수 없는 것들이 상당수다.

한때 초, 중, 고등학교 교육 과정에서 한자 교육이 제외된 때도 있었지만, 한자 문화권 국가인 한국, 중국, 대만, 일본 등 다수의 아시아 국가들이 국제적으로 중요한 위치를 차지하는 오늘날, 한자의 중요성은 더욱 커져만 가고 있다. 그래서 우리나라에서도 국가가 공인하는 한자능력검정시험 제도를 실시하고 있으며, 이 시험을 통과한 자격 취득자들에게는 대입시험이나 취업에서 유리한 가산점을 주고 있다.

이 책은 교육부에서 지정한 한문 교육용 기초 한자 1,800자를 바탕으로 하고 있다. 한자 문화권에서 널리 쓰이는 한자, 한문고전에 많이 나오는 한자, 국어생활에 자주 쓰이는 한자를 가려 뽑아서 2000년 12월 30일에 개정 발표한 1,800자를 엮어 만든 것이다.

한자를 효율적으로 공부하는 데 가장 효과적인 방법은 무엇보다 많이 쓰면서 익히는 것이다. 꾸준히 쓰면서 익혀 한자 공부에 많은 발전이 있기를 바란다.

새로 바뀐 한자

중학교용	李(이), 朴(박), 舌(설), 革(혁)
고등학교용	乞(걸), 隔(격), 牽(견), 繫(계), 狂(광), 軌(궤), 糾(규), 塗(도), 屯(둔), 騰(등), 獵(엽), 隷(예), 僚(료), 侮(모), 冒(모), 伴(반), 覆(복), 誓(서), 逝(서), 攝(섭), 垂(수), 搜(수), 押(압), 躍(약), 閱(열), 擁(옹), 凝(응), 宰(재), 殿(전), 竊(절), 奏(주), 珠(주), 鑄(주), 震(진), 滯(체), 逮(체), 遞(체), 秒(초), 卓(탁), 誕(탄), 把(파), 偏(편), 嫌(혐), 衡(형)

차례

1

중학 900
漢字 쓰기

中

學

九

百

漢

字

家	집	가
	宀 부의 7획	
	` 宀 宁 宁 宇 家 家 家	

佳	아름다울	가
	人 부의 6획	
	ノ 亻 亻 佳 佳 佳 佳	

街	거리	가
	行 부의 6획	
	ノ 彳 彳 往 住 街 街	

可	옳을	가
	口 부의 2획	
	一 厂 厅 可 可	

歌	노래	가
	欠 부의 10획	
	一 哥 哥 哥 哥 歌 歌 歌	

加	더할	가
	刀 부의 3획	
	フ カ カ 加 加	

價	값	가
	人 부의 13획	
	亻 俨 俨 價 價 價 價 價	

假	거짓	가
	人 부의 9획	
	亻 亻 俨 俨 作 假 假 假	

各	각각	각
	口 부의 3획	
	ノ ク 夂 各 各 各	

角	뿔	각
	角 부의 0획	
	ノ 冖 冖 角 角 角 角	

脚	종아리	각					
	肉 부의 7획						
	刀 月 𦜅 肘 肪 胠 脚 脚						

干	방패	간					
	干 부의 0획						
	一 二 干						

間	사이	간					
	門 부의 4획						
	l l' l'' l'' 門 門 間 間						

看	돌볼	간					
	目 부의 4획						
	一 二 三 手 看 看 看 看						

渴	목마를	갈					
	水 부의 9획						
	氵 氵' 汩 汩 渇 渇 渇 渇						

甘	달	감					
	甘 부의 0획						
	一 十 廿 甘 甘						

減	덜	감					
	水 부의 9획						
	氵 氵 汀 汀 咸 減 減 減						

感	느낄	감					
	心 부의 9획						
	丿 厂 厈 咸 咸 咸 感 感						

敢	용감할	감					
	攴(攵) 부의 8획						
	工 千 玉 冝 耳 軍 敢 敢						

甲	갑옷	갑					
	田 부의 0획						
	丿 冂 月 日 甲						

江	강 　 강
	水 부의 3획
	`丶 丶 氵 氵 江 江`

강 江

降	내릴 강 항복할 항
	阜 부의 6획
	`了 阝 阝 阝 阡 陉 降 降`

講	가르칠 　 강
	言 부의 10획
	`言 言 言 許 許 講 講 講`

強	굳셀 　 강
	弓 부의 8획
	`그 丆 弓 弘 弨 弨 強 強`

改	고칠 　 개
	攴(攵) 부의 3획
	`フ ㄱ ㄹ 己 改 改 改`

皆	모두 　 개
	白 부의 4획
	`ㅡ ㅏ ㅏ 比 比 毕 皆 皆`

個	낱 　 개
	人 부의 8획
	`亻 亻 们 個 個 個 個 個`

開	열 　 개
	門 부의 4획
	`丨 冂 冂 門 門 門 開 開`

客	손님 　 객
	宀 부의 6획
	`丶 宀 宀 宀 灾 突 客 客`

更	다시 갱 고칠 경
	曰 부의 3획
	`一 丆 丏 审 百 更 更`

去	갈 거					
	ム 부의 3획					
	一 十 土 去 去					

巨	클 거					
	工 부의 2획					
	丨 丆 F 巨 巨					

居	살 거					
	尸 부의 5획					
	丁 コ 尸 尸 尼 尼 居 居					

車	수레 거					
	車 부의 0획					
	一 厂 厅 币 百 亘 車					

擧	들 거					
	手 부의 14획					
	乪 乬 钔 铏 铏 與 與 擧					

建	세울 건					
	廴 부의 6획					
	㇇ ㇇ ㋿ 彐 聿 律 建 建					

乾	하늘 건					
	乙 부의 10획					
	一 十 古 自 卓 卓 乾 乾					

犬	개 견					
	犬 부의 0획					
	一 ナ 大 犬					

見	볼 견					
	見 부의 0획					
	丨 冂 月 月 目 貝 見					

堅	굳을 견					
	土 부의 8획					
	丨 厂 厈 臣 臣 臤 臤 堅					

決	결단할 **결**					
結	水 부의 4획
	` `丶 氵 氵 沪 決 決
潔	맺을 **결**
京	糸 부의 6획
	ㅣ ㄠ 糸 糸 紀 紆 結 結 結
景	깨끗할 **결**
輕	水 부의 12획
	氵 沪 沪 淸 潔 潔 潔
經	서울 **경**
庚	亠 부의 6획
	` 丶 亠 宀 宁 古 亨 京 京
耕	빛, 볕 **경**
敬	日 부의 8획
	丨 冂 日 旦 무 昦 봄 景 景

가벼울 **경**

車 부의 7획

冂 冂 百 旦 車 軒 軒 輕 輕

다스릴 **경**

糸 부의 7획

ㅣ ㄠ 糸 糸 紁 經 經 經

나이 **경**

广 부의 5획

` 丶 广 广 庐 庐 庚 庚

갈 **경**

耒 부의 4획

ㄧ 三 丰 耒 耒 耒 耕 耕

공경할 **경**

攴(攵) 부의 9획

丶 ++ 芍 芍 苟 敬 敬 敬

10

驚	두려울 경				
	馬 부의 13획				
	⺍ ⺍⺍ ⺍⺍ 敬 敬 敬 驚 驚				

慶	경사 경				
	心 부의 11획				
	一 广 广 庐 庐 庐 慶 慶 慶				

競	다툴 경				
	立 부의 15획				
	一 十 立 立 竞 竞 竞 競 競				

癸	열째천간 계				
	癶 부의 4획				
	フ ヌ ヌ 癶 癶 癶 癸 癸				

季	끝 계				
	子 부의 5획				
	一 二 千 千 禾 禾 季 季				

界	경계 계				
	田 부의 4획				
	口 田 田 田 甲 界 界 界				

計	꾀할 계				
	言 부의 2획				
	丶 二 言 言 言 言 計 計				

溪	시내 계				
	水 부의 10획				
	氵 氵 沪 沪 泙 浽 溪 溪				

鷄	닭 계				
	鳥 부의 10획				
	⺍ ⺈ 丞 奚 奚 鄈 鷄 鷄				

古	옛 고				
	口 부의 2획				
	一 十 十 古 古				

故	예 　　　　　 고				
	攴(攵)부의 5획				
	十 十 古 古 古 尚 故 故				
固	굳을 　　　　　 고				
	囗 부의 5획				
	丨 冂 冃 冃 固 固 固 固				
苦	괴로울 　　　　 고				
	艸 부의 5획				
	十 十 艹 芒 芊 苦 苦				
考	오랠 　　　　　 고				
	耂 부의 2획				
	一 十 土 耂 耂 考				
高	높을 　　　　　 고				
	高 부의 0획				
	丶 亠 古 古 宫 高 高				
告	알릴 　　　　　 고				
	口 부의 4획				
	丿 丄 牛 生 牛 告 告				
谷	골 　　　　　　 곡				
	谷 부의 0획				
	丶 八 冸 父 谷 谷 谷				
曲	굽을 　　　　　 곡				
	曰 부의 2획				
	丨 冂 曲 曲 曲 曲				
穀	곡식 　　　　　 곡				
	禾 부의 10획				
	士 吉 吉 壴 壴 穀 穀 穀				
困	피곤할 　　　　 곤				
	囗 부의 4획				
	丨 冂 冃 用 困 困 困				

坤	땅 곤					
	土 부의 5획					
	一 十 土 圹 圹 圹 坤 坤					
骨	뼈 골					
	骨 부의 0획					
	冂 冂 冎 咼 咼 骨 骨 骨					
工	장인 공					
	工 부의 0획					
	一 丁 工					
功	공 공					
	力 부의 3획					
	一 丁 工 功 功					
空	빌 공					
	穴 부의 3획					
	宀 宀 宀 空 空 空 空					
共	한가지 공					
	八 부의 4획					
	一 十 廿 丗 共 共					
公	공평할 공					
	八 부의 2획					
	丿 八 公 公					
果	과실 과					
	木 부의 4획					
	丨 冂 曰 日 旦 甲 果 果					
課	일과 과					
	言 부의 8획					
	一 言 言 評 評 評 課 課					
科	과정 과					
	禾 부의 4획					
	一 千 禾 禾 禾 科 科 科					

過	**지날** 과					
	⻌ 부의 9획					
	⼝ ⼐ ⼐ 咼 咼 渦 渦 過					
官	**벼슬** 관					
	⼧ 부의 5획					
	⼀ ⼀ ⼧ ⼧ ⼧ 官 官					
觀	**볼** 관					
	見 부의 18획					
	⼀ ⼀ 卝 芦 芽 雚 觀 觀					
關	**빗장** 관					
	門 부의 11획					
	⼍ 門 門 門 閂 閁 閣 關					
光	**빛** 광					
	儿 부의 4획					
	⼂ ⼂ ⼩ 业 ⺎ 光					
廣	**넓을** 광					
	广 부의 12획					
	⼀ 广 产 产 席 席 廣 廣					
交	**사귈** 교					
	⼇ 부의 4획					
	⼂ ⼇ ⼗ 六 交 交					
校	**학교** 교					
	木 부의 6획					
	⼗ ⼌ ⼌ 杙 杙 杉 校 校					
橋	**다리** 교					
	木 부의 12획					
	⼗ ⼌ 杧 桥 桥 桥 橋 橋					
教	**가르칠** 교					
	攵(攴)부의 7획					
	⼂ ⼂ 彡 耂 老 孝 教 教					

九	口	救	究	久	句	舊	求	國	君

아홉 구
乙 부의 1획
丿 九

입 구
口 부의 0획
丨 口 口

구원할 구
攵(攴) 부의 7획
十 寸 求 求 求 求 救 救

연구할 구
穴 부의 2획
丶 宀 宀 宍 穷 究 究

오랠 구
丿 부의 2획
丿 夕 久

글귀 구
口 부의 2획
丿 勹 勾 句 句

예 구
臼 부의 12획
丶 丷 萑 萑 萑 舊 舊

구할 구
水 부의 2획
丨 十 寸 才 求 求 求

나라 국
囗 부의 8획
丨 冂 同 同 國 國 國 國

임금 군
口 부의 4획
フ ヲ ヨ 尹 君 君 君

15

군사 군				
車 부의 2획				
ㄱㄲㄸㄸㄸ冝軍				
고을 군				
邑 부의 7획				
ㄱㅋㅋ尹尹君郡郡				
활 궁				
弓 부의 0획				
ㄱㄱ弓				
책 권				
卩 부의 6획				
ㄱㄱㅅㅆ쓨失麥卷				
권세 권				
木 부의 18획				
栌栌栌榫榫榫權				
권할 권				
力 부의 18획				
艹茾荳莗萑雚雚勸勸				
귀할 귀				
貝 부의 5획				
ㄇㅁ中虫虫青青貴				
돌아올 귀				
止 부의 14획				
ㅣㅌㅌ皀皀歸歸				
고를 균				
土 부의 4획				
一十土圹均均均				
다할 극				
木 부의 9획				
十木打柯柯極極極				

軍 郡 弓 卷 權 勸 貴 歸 均 極

近	가까울	근
	辶 부의 4획	
	´ ㇒ ㇏ 斤 沂 沂 近 近	

勤	부지런할	근
	力 부의 11획	
	ㅛ 廿 苗 革 菫 堇 勤 勤	

根	뿌리	근
	木 부의 6획	
	十 木 栌 柙 柙 柙 根 根 根	

金	쇠	금
	金 부의 0획	
	ノ 入 人 ㅅ 全 全 余 金 金	

今	이제	금
	人 부의 2획	
	ノ 入 人 今	

禁	금할	금
	示 부의 8획	
	十 木 村 林 林 楚 禁 禁	

給	공급할	급
	糸 부의 6획	
	´ 幺 糸 糹 紒 紷 給 給	

及	미칠	급
	又 부의 2획	
	ノ ㇆ 乃 及	

急	급할	급
	心 부의 5획	
	ノ ㇇ 4 ㇖ 刍 刍 急 急	

記	기록할	기
	言 부의 3획	
	㇀ 言 言 言 言 記 記 記	

期	**기약할** 기					
	月 부의 8획					
	一 十 卄 甘 丗 其 期 期					
基	**터** 기					
	土 부의 8획					
	一 十 卄 甘 丗 其 基 基					
氣	**기운** 기					
	气 부의 6획					
	丿 宀 气 気 気 氣 氣 氣					
技	**재주** 기					
	手 부의 4획					
	一 十 才 扌 扩 抙 技					
其	**그것** 기					
	八 부의 6획					
	一 十 卄 甘 甘 甘 其 其					
幾	**빌미** 기					
	幺 부의 9획					
	幺 幺幺 絲 絲 幾 幾 幾					
己	**몸** 기					
	己 부의 0획					
	一 コ 己					
起	**일어날** 기					
	走 부의 3획					
	十 土 + 丰 走 走 起 起					
旣	**이미** 기					
	无 부의 7획					
	刀 白 白 自 皀 皀 旣 旣					
吉	**길할** 길					
	口 부의 3획					
	一 十 士 吉 吉 吉					

暖	따뜻할 난					
	日 부의 9획					
	𠘧 日 日 日 晖 晖 晊 暖					
難	어려울 난					
	隹 부의 11획					
	一 廿 苩 芒 莫 黉 難 難					
南	남쪽 남					
	十 부의 7획					
	一 十 广 内 内 南 南 南					
男	사내 남					
	田 부의 2획					
	丨 冂 田 田 田 罗 男					
內	안 내					
	入 부의 2획					
	丨 冂 内 內					
乃	곧 내					
	丿 부의 1획					
	丿 乃					
女	계집 녀					
	女 부의 0획					
	𡿨 女 女					
年	해 년					
	干 부의 3획					
	丿 一 二 十 乍 年					
念	생각할 념					
	心 부의 4획					
	丿 入 𠆢 今 今 念 念 念					
怒	성낼 노					
	心 부의 5획					
	𡿨 女 女 奴 奴 怒 怒					

農	농사	농					
	辰 부의 6획						
	口 曲 曲 曲 芦 農 農 農						

能	능할	능					
	肉 부의 6획						
	厶 牟 台 育 育 能 能						

多	많을	다					
	夕 부의 3획						
	丿 勹 夕 多 多 多						

單	흩	단					
	口 부의 9획						
	口 吅 吅 뽀 쁘 單 單						

短	짧을	단					
	矢 부의 7획						
	亠 乡 矢 矢 知 知 短 短						

端	단정할	단					
	立 부의 9획						
	亠 立 立 斒 斒 端 端						

丹	붉을	단					
	丶 부의 3획						
	丿 刀 月 丹						

但	다만	단					
	人 부의 5획						
	丿 亻 但 但 但 但						

達	통할	달					
	辶 부의 9획						
	十 土 圭 幸 幸 達 達						

談	말씀	담					
	言 부의 8획						
	亠 言 言 言 談 談 談						

答

대답 답

竹 부의 6획

一 ㄠ 竺 竺 竺 竺 答 答

堂

집 당

土 부의 8획

丶 丶 丷 �户 肖 肖 堂 堂

當

당할 당

田 부의 8획

丶 丷 丷 肖 肖 肖 肖 當

大

큰 대

大 부의 0획

一 ナ 大

對

마주할 대

寸 부의 11획

丶 丷 丷 业 业 业 業 對 對

代

대신할 대

人 부의 3획

丿 亻 仁 代 代

待

기다릴 대

彳 부의 6획

丿 彳 彳 社 往 往 待 待

德

큰 덕

彳 부의 12획

亻 彳 彳 彳 德 德 德 德

刀

칼 도

刀 부의 0획

ㄱ 刀

到

이를 도

刀 부의 6획

一 厶 즈 즈 至 至 到 到

度

법도 도

广 부의 6획

丶亠广庐庐序序度

道

길 도

辶 부의 9획

丷丷丷首首道道

島

섬 도

山 부의 7획

亻亇户鸟鸟島島島

都

도읍 도

邑 부의 9획

十土耂耂者者都都

圖

그림 도

囗 부의 11획

冂冋冋罔罔罔圖圖

徒

무리 도

彳 부의 7획

彳彳彳彳彳徒徒

讀

읽을 독

言 부의 15획

言言計計讀讀讀讀

獨

홀로 독

犬 부의 13획

犭犭狎狎狎獨獨

同

한가지 동

口 부의 3획

冂冂同同同

洞

마을 동

水 부의 6획

氵氵汩汩洞洞洞洞

22

童	아이 동					
	立 부의 7획					
	亠 亣 立 音 音 竟 童 童					
冬	겨울 동					
	冫 부의 3획					
	丿 夂 久 冬 冬					
東	동녘 동					
	木 부의 4획					
	一 厂 厅 月 申 車 東 東					
動	움직일 동					
	力 부의 9획					
	二 千 盲 審 重 重 動 動					
斗	말 두					
	斗 부의 0획					
	丶 冫 二 斗					
豆	콩 두					
	豆 부의 0획					
	一 厂 币 戸 豆 豆 豆					
頭	머리 두					
	頁 부의 7획					
	一 戸 互 豆 豆 頭 頭 頭					
得	얻을 득					
	彳 부의 8획					
	彳 彳 彳 得 得 得 得					
等	등급 등					
	竹 부의 6획					
	丶 ⺮ ⺮ 笁 笁 等 等					
登	오를 등					
	癶 부의 7획					
	기 刃 刃 癶 癶 登 登 登					

燈	등불	등
	火 부의 12획
	火 灯 灯 灯 炸 烤 烤 燈 燈

落	떨어질	락
	艸 부의 9획
	艹 艹 艻 苲 莎 茨 落 落

樂	즐거울 락 풍악	악
	木 부의 11획
	白 伯 自 幼 絕 樂 樂 樂

卵	알	란
	卩 부의 5획
	' ⺈ ⻌ 盯 盯 卵

浪	물결	랑
	水 부의 7획
	氵 氵 沪 沪 泸 浪 浪 浪

郎	남편	랑
	邑 부의 7획
	⺋ ⺋ ⺕ 自 艮 良 郎 郎

來	올	래
	人 부의 6획
	一 ㄣ 厂 厸 巫 來 來 來

冷	찰	랭
	冫 부의 5획
	' ⺀ ⺀ 冷 冷 冷 冷

良	어질	량
	艮 부의 1획
	' ⺋ ⺕ ⺕ 自 良 良

兩	두	량
	人 부의 6획
	一 ⺁ 厅 而 兩 兩 兩 兩

量	헤아릴 량 里 부의 5획 口 日 旦 昌 昌 畳 量 量				
涼	서늘할 량 水 부의 8획 氵 氵 氵 氵 沪 涼 涼 涼				
旅	나그네 려 方 부의 6획 亠 方 方 扩 扩 旅 旅 旅				
力	힘 력 力 부의 0획 フ 力				
歷	지낼 력 止 부의 12획 一 厂 厈 屏 厤 厤 歷 歷				
連	이을 련 辶 부의 7획 一 戸 百 亘 車 車 連 連				
練	익힐 련 糸 부의 9획 纟 糸 糸 紀 紀 紳 練 練				
列	벌일 렬 刀 부의 4획 一 丆 歹 歹 列 列				
烈	매울 렬 火 부의 6획 一 丆 歹 歹 列 列 列 烈				
令	하여금 령 人 부의 3획 丿 人 스 今 令				

領	거느릴 령
	頁 부의 5획
	ᄼ 今 今 領 領 領 領
例	법식 례
	人 부의 6획
	ノ 亻 亻 仴 例 例 例 例
禮	예도 례
	示 부의 13획
	亍 乑 利 神 禮 禮 禮 禮
路	길 로
	足 부의 6획
	口 足 足 足 趵 跱 路 路
老	늙을 로
	老 부의 0획
	ノ 十 土 尹 耂 老
勞	일할 로
	力 부의 10획
	᠂ ᠂ ᠂ ᠂ 炏 炏 紫 勞 勞
露	이슬 로
	雨 부의 12획
	雨 雨 雫 零 雲 霞 露 露
綠	푸를 록
	糸 부의 8획
	幺 糸 糸 紓 終 終 綠 綠
論	의논할 론
	言 부의 8획
	᠂ 亠 言 診 診 論 論 論
料	헤아릴 료
	斗 부의 6획
	᠂ ᠂ 半 米 米 米 料 料

柳	버들	류
	木 부의 5획	
	一 十 才 村 村 柳 柳 柳	

留	머무를	류
	田 부의 5획	
	留 留 留 留 留 留 留 留	

流	흐를	류
	水 부의 7획	
	氵氵汸汸汸流流	

六	여섯	륙
	八 부의 2획	
	亠 六 六	

陸	육지, 뭍	륙
	阜 부의 8획	
	阝阝阝阹陸陸陸陸	

倫	인륜	륜
	人 부의 8획	
	亻伀伀伀伀倫倫	

律	법률	률
	彳 부의 6획	
	彳彳彳彳律律律律	

里	마을	리
	里 부의 0획	
	丨冂甲甲甲里	

理	다스릴	리
	玉 부의 7획	
	王 玑 玑 珥 珥 理 理	

利	이로울	리
	刀 부의 5획	
	二 千 禾 禾 利 利	

27

李 오얏 **리**
木 부의 3획
一 十 才 木 本 李 李

林 수풀 **림**
木 부의 4획
一 十 才 木 杧 村 材 林

立 설 **립**
立 부의 0획
丶 亠 十 立 立

馬 말 **마**
馬 부의 0획
丨 厂 厂 厈 馬 馬 馬 馬

莫 없을 **막**
艸 부의 7획
丶 一 卝 苧 苩 莒 莫 莫

萬 일만 **만**
艸 부의 9획
卝 节 芦 苩 萬 萬 萬 萬

滿 찰 **만**
水 부의 11획
氵 氵 沪 泔 泔 滿 滿 滿

晚 늦을 **만**
日 부의 7획
冂 日 日 旷 晰 晗 晩 晩

末 끝 **말**
木 부의 1획
一 二 十 才 末

望 바랄 **망**
月 부의 7획
丶 亠 切 胡 朗 望 望 望

亡	망할	망					
	亠 부의 1획						
	丶 亠 亡						

忙	바쁠	망					
	心 부의 3획						
	丶 丶 忄 忄 忙 忙						

忘	잊을	망					
	心 부의 3획						
	丶 亠 亡 亡 忘 忘 忘						

每	늘	매					
	毋 부의 3획						
	丿 亠 乞 乞 每 每 每						

買	살	매					
	貝 부의 5획						
	冂 罒 罒 罒 胃 買 買						

賣	팔	매					
	貝 부의 8획						
	十 士 吉 声 壱 賣 賣						

妹	손아래누이	매					
	女 부의 5획						
	乚 乂 女 女 奴 姊 妹 妹						

麥	보리	맥					
	麥 부의 0획						
	一 丆 來 來 夾 夾 麥 麥						

免	면할	면					
	儿 부의 5획						
	丁 刀 尸 召 召 免 免						

勉	힘쓸	면					
	力 부의 7획						
	丿 刀 召 召 免 免 勉						

面	얼굴	면					
	面 부의 0획						
	一ブ丙而而而面面						

眠	잘	면					
	目 부의 5획						
	刂 刂 月 日 旷 旷 眠 眠						

名	이름	명					
	口 부의 3획						
	ノ ク タ タ 名 名						

命	목숨	명					
	口 부의 5획						
	ノ 人 人 合 合 合 命 命						

明	밝을	명					
	日 부의 4획						
	刂 冂 日 日 町 明 明 明						

鳴	울	명					
	鳥 부의 3획						
	口 口 叮 叮 响 唣 鳴 鳴						

母	어미	모					
	毌 부의 1획						
	乚 日 日 日 母						

毛	털	모					
	毛 부의 0획						
	ノ 二 三 毛						

暮	저물	모					
	日 부의 11획						
	丶 艹 竹 苗 苩 莫 莫 暮						

木	나무	목					
	木 부의 0획						
	一 十 才 木						

	눈	목
目	目 부의 0획	
	ㅣ ㄇ ㄇ 月 目	

	토끼	묘
卯	卩 부의 3획	
	㇓ ㇄ ㇆ 㚐 卯	

	묘할	묘
妙	女 부의 4획	
	㇄ ㇄ 女 如 如 妙 妙	

	굳셀	무
武	止 부의 4획	
	一 二 于 于 正 武 武	

	힘쓸	무
務	力 부의 9획	
	㇇ ㇈ 予 予 矛 矜 務 務	

	없을	무
無	火 부의 8획	
	㇒ ㇒ 二 牛 無 無 無 無	

	다섯째천간	무
戊	戈 부의 1획	
	㇒ 厂 戊 戊 戊	

	우거질	무
茂	艸 부의 5획	
	㇑ ㇐ 卄 卄 芒 芨 茂 茂	

	춤출	무
舞	舛 부의 8획	
	㇒ 二 無 舞 舞 舞 舞 舞	

	먹	묵
墨	土 부의 12획	
	㇑ 口 四 甲 里 黑 黑 墨	

31

門

문　　　문

門 부의 0획

丨 丨 丨 丨 丨 門 門 門 門

問

물을　　　문

口 부의 8획

丨 丨 丨 丨 門 門 問 問

聞

들을　　　문

耳 부의 8획

丨 丨 丨 門 門 問 聞 聞

文

글월　　　문

文 부의 0획

丶 亠 ナ 文

物

만물　　　물

牛 부의 4획

丿 亠 キ キ 牜 物 物 物

勿

말　　　물

勹 부의 2획

丿 勹 勹 勿

米

쌀　　　미

米 부의 0획

丶 丶 丷 亠 半 米 米

未

아닐　　　미

木 부의 1획

一 二 キ 未 未

味

맛　　　미

口 부의 5획

丨 口 口 口 叮 吽 味 味

美

아름다울　　　미

羊 부의 3획

丷 丷 半 半 半 美 美 美

32

尾 꼬리 미

尸 부의 4획

一 ⊐ 尸 尸 尾 尾 尾

民 백성 민

氏 부의 1획

⊐ ⊐ 尸 民 民

密 빽빽할 밀

宀 부의 8획

宀 宀 宓 宓 宓 密 密 密

朴 순박할 박

木 부의 2획

一 十 才 木 朴 朴

反 돌이킬 반

又 부의 2획

一 厂 反 反

飯 밥 반

食 부의 4획

ノ ㅅ 牟 鱼 食 飣 飯 飯

半 절반 반

十 부의 3획

ノ ハ 스 半 半

發 필 발

癶 부의 7획

ㄱ ㄱ � ㄨ 癶 癶 發 發 發

方 방위 방

方 부의 0획

丶 一 方 方

放 놓을 방

攵(攴) 부의 4획

丶 一 方 方 扩 扩 放 放

33

		찾을	방					
訪		言 부의 4획						
		`一 ` `三 ` `言 ` `言 ` `訁 ` `訪 ` `訪`						
		방	방					
房		戶 부의 4획						
		`一 ` `丆 ` `尸 ` `戶 ` `戶 ` `房 ` `房`						
		막을	방					
防		阜 부의 4획						
		`フ ` `了 ` `阝 ` `阝' ` `阡 ` `防 ` `防`						
		절	배					
拜		手 부의 5획						
		`一 ` `二 ` `三 ` `手 ` `拝 ` `拝 ` `拝 ` `拜`						
		잔	배					
杯		木 부의 4획						
		`一 ` `十 ` `才 ` `木 ` `杧 ` `杯 ` `杯 ` `杯`						
		흰	백					
白		白 부의 0획						
		`ノ ` `イ ` `白 ` `白 ` `白`						
		일백	백					
百		白 부의 1획						
		`一 ` `丆 ` `百 ` `百 ` `百 ` `百`						
		차례	번					
番		田 부의 7획						
		`ノ ` `ㅁ ` `亚 ` `平 ` `釆 ` `番 ` `番 ` `番`						
		칠	벌					
伐		人 부의 4획						
		`ノ ` `イ ` `仁 ` `代 ` `伐 ` `伐`						
		무릇	범					
凡		几 부의 1획						
		`丿 ` `几 ` `凡`						

법　法
水 부의 5획
丶 ン 氵 汁 注 法 法

변할　變
言 부의 16획
言 綰 綰 綰 綿 綿 變 變

나눌　別
刀 부의 5획
丨 冂 口 吕 別 別 別

병들　病
疒 부의 5획
亠 广 广 疒 疒 病 病 病

군사　兵
八 부의 5획
丶 亻 仟 斤 丘 乒 兵

셋째천간　丙
一 부의 4획
一 丆 丙 丙 丙

보전할　保
人 부의 7획
亻 亻 伃 但 伃 伴 保 保

걸음　步
止 부의 3획
丨 ㅏ 止 止 牛 牛 步

갚을　報
土 부의 9획
土 击 击 幸 幸 報 報 報

복　福
示 부의 9획
于 礻 礻 礻 福 福 福

옷	복
月 부의 4획	
丿 刀 月 月 尹 服 服 服	

다시 부 거듭 복	
彳 부의 9획	
丿 彳 彳 彳 彳 復 復 復	

엎드릴	복
人 부의 4획	
丿 亻 亻 仕 伏 伏	

근본	본
木 부의 1획	
一 十 才 木 本	

받들	봉
大 부의 5획	
一 二 三 丰 夫 表 表 奉	

만날	봉
辶 부의 7획	
丿 夕 攵 夆 夆 逢 逢 逢	

지아비	부
大 부의 1획	
一 二 夫 夫	

아비	부
父 부의 0획	
丿 八 グ 父	

부자	부
宀 부의 9획	
宀 宀 宀 宫 富 富 富 富	

지어미	부
女 부의 8획	
乚 女 女 女 婦 婦 婦 婦	

36

扶
도울　　　부
扌 부의 4획
一 亅 扌 扌 扝 扶 扶

部
나눌　　　부
㕻 부의 8획
丶 亠 咅 立 咅 咅 部 部

否
아닐　　　부
口 부의 4획
一 丆 不 不 否 否

浮
뜰　　　　부
水 부의 7획
氵 氵 浮 浮 浮 浮 浮 浮

北
북녘 북 달아날 배
匕 부의 3획
一 十 丬 北 北

分
나눌　　　분
刀 부의 2획
丿 八 分 分

不
아니　　　불
一 부의 3획
一 丆 不 不

佛
부처　　　불
人 부의 5획
丿 亻 仁 仴 佛 佛

朋
벗　　　　붕
月 부의 4획
丿 刀 月 月 刖 朋 朋

比
견줄　　　비
比 부의 0획
一 匕 比 比

37

非	아닐	비
	非 부의 0획	
	ノ 丿 丿 扌 非 非 非 非	

悲	슬플	비
	心 부의 8획	
	ノ 丿 丿 扌 非 非 悲 悲	

飛	날	비
	飛 부의 0획	
	ノ 乀 飞 飞 飛 飛 飛 飛	

鼻	코	비
	鼻 부의 0획	
	宀 白 自 鼻 鼻 畠 鼻 鼻	

備	갖출	비
	人 부의 10획	
	亻 亻 仹 併 併 借 備 備	

貧	가난할	빈
	貝 부의 4획	
	ノ 八 今 分 竹 竹 貧 貧	

氷	얼음	빙
	水 부의 1획	
	ノ 丿 氵 氺 氷	

四	넉	사
	口 부의 2획	
	丨 冂 罒 四 四	

士	선비	사
	士 부의 0획	
	一 十 士	

史	역사	사
	口 부의 2획	
	丨 冂 口 史 史	

師	스승	사
死	죽을	사
思	생각할	사
事	일	사
仕	벼슬할	사
射	쏠	사
謝	사례할	사
使	부릴	사
舍	집	사
巳	뱀	사

師 스승 사
巾 부의 7획
´ ´ ŕ ŕ ŕ ŕ ŕ 師 師

死 죽을 사
歹 부의 2획
一 ̅ ̅ ̅ ̅ ̅ 死

思 생각할 사
心 부의 5획
丨 口 田 田 田 思 思

事 일 사
亅 부의 7획
一 ̅ ̅ ̅ ̅ 写 写 事

仕 벼슬할 사
人 부의 3획
丿 亻 亻 什 仕

射 쏠 사
寸 부의 7획
亻 门 自 身 身 射 射

謝 사례할 사
言 부의 10획
言 言 訂 訓 訂 詢 謝 謝

使 부릴 사
人 부의 6획
丿 亻 亻 亻 佢 佢 使 使

舍 집 사
舌 부의 2획
丿 人 스 스 全 全 舍 舍

巳 뱀 사
己 부의 0획
㇄ 彐 巳

39

寺

절　　　　사

寸 부의 3획

一 十 土 吉 寺 寺

私

사사로울　　사

禾 부의 2획

一 二 千 禾 禾 私 私

絲

실　　　　사

糸 부의 6획

ㄥ ㄠ ㄠ ㄠ 糸 糸 絲 絲

山

메　　　　산

山 부의 0획

丨 凵 山

産

낳을　　　　산

生 부의 6획

一 亠 立 产 产 产 産 産

散

흩어질　　산

攵(攴) 부의 8획

一 卅 卅 井 昔 散 散 散

算

셈할　　　　산

竹 부의 8획

一 一 ㅆ ㅆ 竹 筲 算 算

殺

죽일 살　덜 쇄

殳 부의 7획

ㄨ 千 禾 杀 弁 殺 殺 殺

三

석　　　　삼

一 부의 2획

一 二 三

上

위　　　　상

一 부의 2획

丨 卜 上

尚	**높일** 상				
	小 부의 5획				
	丨 ⺌ ⺌ ⺌ 尚 尚 尚 尚				
常	**떳떳할** 상				
	巾 부의 8획				
	丨 丷 丷 半 半 常 常 常				
賞	**상줄** 상				
	貝 부의 8획				
	丨 丷 半 尚 当 賞 賞 賞				
商	**장사** 상				
	口 부의 8획				
	丶 亠 立 产 产 丙 商 商				
相	**서로** 상				
	目 부의 4획				
	一 十 才 木 朼 相 相 相				
霜	**서리** 상				
	雨 부의 9획				
	雨 雨 雨 雨 雲 雪 霜 霜				
想	**생각할** 상				
	心 부의 9획				
	十 才 木 相 相 相 想 想				
傷	**상할** 상				
	人 부의 11획				
	亻 亻 仵 们 侮 傷 傷 傷				
喪	**잃을** 상				
	口 부의 9획				
	一 土 吉 肀 車 車 喪 喪				
色	**빛** 색				
	色 부의 0획				
	丿 ⺈ ⺈ 岛 岛 色				

生	날 생
	生 부의 0획
	ノ ノ 十 牛 生

西	서녘 서
	西 부의 0획
	一 丆 币 两 西 西

序	차례 서
	广 부의 4획
	丶 亠 广 庁 序 序

書	글 서
	日 부의 6획
	一 コ ヨ 申 聿 書 書 書

署	관청 서
	皿 부의 9획
	一 皿 皿 甲 罗 罗 罗 署

石	돌 석
	石 부의 0획
	一 丆 不 石 石

夕	저녁 석
	夕 부의 0획
	ノ ク 夕

昔	예 석
	日 부의 4획
	一 十 卄 井 苦 苦 昔

惜	가엾을 석
	心 부의 8획
	丶 忄 忄 忄 怺 惜 惜 惜

席	자리 석
	巾 부의 7획
	丶 亠 广 庐 庐 庐 席 席

42

先	먼저	선					
	儿 부의 4획						
	ノ 广 生 先						

線	줄	선					
	糸 부의 9획						
	幺 糸 糸' 紵 絪 綧 線 線						

善	착할	선					
	口 부의 9획						
	` 兰 羊 羊 羔 盖 善 善						

選	뽑을	선					
	辶 부의 12획						
	フ 已 吧 巽 巽 巽 選 選						

鮮	고울	선					
	魚 부의 6획						
	ク 多 角 鱼 魚 魚' 鮮 鮮						

船	배	선					
	舟 부의 5획						
	刀 角 舟 舟 舮 舩 船 船						

仙	신선	선					
	人 부의 3획						
	ノ 亻 仆 仙 仙						

舌	혀	설					
	舌 부의 0획						
	ノ 二 千 千 舌 舌						

雪	눈	설					
	雨 부의 3획						
	一 宀 币 币 雨 雪 雪 雪						

說	말씀	설					
	言 부의 7획						
	` 亠 言 言 言 訪 訜 說						

設	베풀	설					
	言 부의 4획						
	ㄹ ㄹㄹ 言 言 訳 設 設						
姓	성씨	성					
	女 부의 5획						
	ㄑ ㄑ 女 女 女 姓 姓 姓						
性	성품	성					
	心 부의 5획						
	ㆍ ㆍㆍ ㆍ ㅔ ㅔㅔ 忄 性 性 性						
成	이룰	성					
	戈 부의 3획						
	ㄱ ㄷ ㄷ 厅 成 成 成						
城	재	성					
	土 부의 7획						
	ㆍ ㅓ ㅓ 圹 圻 城 城 城						
誠	정성	성					
	言 부의 7획						
	ㄹ ㄹ 言 言 訂 訂 誠 誠						
盛	성할	성					
	皿 부의 7획						
	ㄱ ㄷ 厅 成 成 成 盛 盛						
省	살필 성 덜 생						
	目 부의 4획						
	ㅣ ㅣ ㅣ ㅣ 小 少 少 省 省 省						
星	별	성					
	日 부의 5획						
	ㄇ ㄇ 日 旦 旦 早 星 星						
聖	성인	성					
	耳 부의 7획						
	ㄱ ㅌ 耳 耶 耶 聖 聖 聖						

聲	소리	성
	耳 부의 11획	
	士 吉 吉 声 殸 殸 聲 聲	

世	인간	세
	一 부의 4획	
	一 十 卅 世 世	

洗	씻을	세
	水 부의 6획	
	冫 冫 氵 浐 泮 洪 洗 洗	

稅	세금	세
	禾 부의 7획	
	二 千 禾 禾 秒 秒 税 税	

細	가늘	세
	糸 부의 5획	
	幺 糸 糸 紅 細 細 細	

勢	권세	세
	力 부의 11획	
	士 夫 坴 埶 執 執 势 勢	

歲	해	세
	止 부의 9획	
	止 止 严 芦 岁 崇 歲 歲	

小	작을	소
	小 부의 0획	
	亅 小 小	

少	적을	소
	小 부의 1획	
	亅 小 小 少	

所	바	소
	戶 부의 4획	
	丿 ㇋ 戶 戶 所 所 所 所	

消	사라질	소					
	水 부의 7획						
	氵氵氵氵氵消消消						
素	바탕	소					
	糸 부의 4획						
	一十圭丰素素素						
笑	웃음	소					
	竹 부의 4획						
	𥫗𥫗𥫗𥫗笑笑笑						
俗	풍속	속					
	人 부의 7획						
	亻亻俗俗俗俗俗俗						
速	빠를	속					
	辶 부의 7획						
	一𠃌日束束束速速						
續	이을	속					
	糸 부의 15획						
	糸糸紝續續續續續						
孫	손자	손					
	子 부의 7획						
	孑孑孑孫孫孫孫孫						
松	소나무	송					
	木 부의 4획						
	一十木木松松松松						
送	보낼	송					
	辶 부의 6획						
	丷丷𠔉关关送送						
水	물	수					
	水 부의 0획						
	丿刁水水						

手	손	수				
	手 부의 0획					
	ノ 二 三 手					
受	받을	수				
	又 부의 6획					
	ノ ハ ハ ᆢ ᆢ ᆢ 严 受					
授	줄	수				
	手 부의 8획					
	扌 扌 扩 扩 护 护 授					
首	머리	수				
	首 부의 0획					
	ᆢ ᆢ 芈 芦 首 首 首					
守	지킬	수				
	宀 부의 3획					
	ᆞ ᆢ 宀 宁 守 守					
收	거둘	수				
	攵(女)부의 2획					
	丨 丩 丩 収 收					
數	셈할	수				
	攵(女)부의 11획					
	ᄆ 田 昌 婁 婁 婁 數 數					
誰	누구	수				
	言 부의 8획					
	ᆞ ᆯ 言 訓 訓 訓 誰 誰					
須	모름지기	수				
	頁 부의 3획					
	彡 彡 刹 沪 須 須 須					
雖	비록	수				
	隹 부의 9획					
	ᄆ 묘 虽 虽 虽 雖 雖 雖					

근심	수
心 부의 9획	
二 千 禾 禾' 秋 秋 秋 愁	

나무	수
木 부의 12획	
十 木 栌 栉 桔 樁 樹 樹	

목숨	수
士 부의 11획	
十 士 土 丰 書 書 壽 壽	

닦을	수
人 부의 8획	
亻 亻 亻' 俨 俨 修 修 修	

빼어날	수
禾 부의 2획	
一 二 千 开 禾 禾 秀	

아재비	숙
又 부의 6획	
卜 上 卡 丰 未 叔 叔	

맑을	숙
水 부의 8획	
氵 氵 汁 浐 沫 淋 淑 淑	

잘	숙
宀 부의 8획	
宀 宀 宇 宇 宿 宿 宿 宿	

순할	순
頁 부의 3획	
丿 川 川 川 順 順 順 順	

순수할	순
糸 부의 4획	
乡 幺 糸 糸 紅 純 純 純	

열한째지지 술

戊 부의 2획

丿 厂 厂 戊 戊 戊

공경할 숭

山 부의 8획

丨 屮 屮 屵 屵 峃 峃 崇

익힐 습

羽 부의 5획

コ ヨ ヨ 扫 羽 羽 羽 習 習

주울 습

扌 부의 6획

一 十 扌 扩 拎 拎 拾 拾

이길 승

川 부의 10획

川 月 扩 肸 胖 胖 胖 勝 勝

탈 승

丿 부의 9획

一 二 千 千 千 乒 乖 乘

이을 승

了 부의 4획

一 了 了 孑 承 承 承 承

저자 시

巾 부의 2획

丶 亠 亠 市 市

보일 시

示 부의 0획

一 二 于 示 示

곧을 시

日 부의 5획

丬 日 日 旦 旦 是 是 是

49

時	때	시
	日 부의 6획	
	刀 日 日 旷 旷 時 時 時	

詩	글귀	시
	言 부의 6획	
	二 言 言 計 詩 詩 詩 詩	

視	볼	시
	見 부의 5획	
	二 示 利 初 利 視 視 視	

施	베풀	시
	方 부의 5획	
	亠 方 方 方 方 施 施 施	

試	시험할	시
	言 부의 6획	
	二 言 言 計 計 試 試 試	

始	처음	시
	女 부의 5획	
	人 女 女 妒 妒 始 始	

氏	성	씨
	氏 부의 0획	
	丿 乀 氏 氏	

食	밥	식
	食 부의 0획	
	丿 入 仌 今 今 食 食 食	

植	심을	식
	木 부의 8획	
	十 才 杧 枯 枯 植 植 植	

識	알 식 기록할 지
	言 부의 12획
	言 言 訂 許 論 識 識 識

式 身 申 神 臣 信 新 辛 失 室

법 식
弋 부의 3획
一 二 デ 式 式 式

몸 신
身 부의 0획
` 亻 亣 亣 自 身 身

펼 신
田 부의 0획
| 冂 日 日 申

귀신 신
示 부의 5획
二 亍 示 和 和 和 神

신하 신
臣 부의 0획
一 丁 戸 臣 臣 臣

믿을 신
人 부의 7획
亻 亻 信 信 信 信 信

새로울 신
斤 부의 9획
亠 立 立 辛 来 新 新 新

매울 신
辛 부의 0획
` 亠 亠 立 立 辛

잃을 실
人 부의 2획
` 丿 二 失 失

집 실
宀 부의 6획
` 宀 宀 宏 宏 室 室

實	열매 실					
	⼧ 부의 11획					
	宀宀宝宇审實實實					
心	마음 심					
	心 부의 0획					
	⼂心心心					
深	깊을 심					
	水 부의 8획					
	氵氵沪沪沪沪深深					
甚	더욱 심					
	甘 부의 4획					
	一廿廿甘其其其甚					
十	열 십					
	十 부의 0획					
	一十					
兒	아이 아					
	儿 부의 6획					
	⼃⼳⼳臼臼臼兒兒					
我	나 아					
	戈 부의 3획					
	⼃⼂千手我我我					
惡	악할 악					
	心 부의 8획					
	一丆 石 丐 丐 亞 惡 惡					
安	편안할 안					
	⼧ 부의 3획					
	⼂⼌宀灾安安					
案	안석, 책상 안					
	木 부의 6획					
	宀灾安安安宰案案					

顔	얼굴	안
眼	頁 부의 9획	
	一 六 立 产 彦 彦 顔 顔	

眼	눈	안
	目 부의 6획	
	丨 冂 目 目 訂 訂 跟 眼 眼	

暗	어두울	암
	日 부의 9획	
	冂 日 日² 日音 晬 暗 暗 暗	

巖	바위	암
	山 부의 20획	
	屵 屵 产 巌 巖 巖 巖 巖	

仰	우러를	앙
	人 부의 4획	
	丿 亻 亻 仜 们 仰	

愛	사랑	애
	心 부의 9획	
	一 爫 伵 忽 恐 恐 愛 愛	

哀	슬플	애
	口 부의 6획	
	丶 亠 古 古 声 亨 亨 哀	

夜	밤	야
	夕 부의 5획	
	丶 亠 广 广 产 夜 夜 夜	

野	들	야
	里 부의 4획	
	丨 冂 日 甲 里 里¹ 野 野	

也	어조사	야
	乙 부의 2획	
	丆 也 也	

	弱	약할	약				
		弓 부의 7획					
		´ ¯ 弓 弓 弓 弱 弱					
	約	맺을	약				
		糸 부의 3획					
		′ ⼣ ⼢ ⼢ 糸 糸 約 約					
	藥	약	약				
		艸 부의 15획					
		` ⺊ 荳 苩 茵 薌 藥 藥					
	若	같을	약				
		艸 부의 5획					
		` ⼀ ⼀ ⼿ ⼿ ⼿ 若 若					
	羊	양	양				
		羊 부의 0획					
		` ` ⼀ ⼀ ⼀ 羊					
	洋	큰바다	양				
		水 부의 6획					
		` ⼀ ⼀ ⼀ 洋 洋 洋 洋					
	養	기를	양				
		食 부의 6획					
		⼀ ⼿ 羊 美 美 養 養 養					
	陽	볕	양				
		阜 부의 9획					
		′ ⻖ ⻖ 阳 阴 陽 陽 陽					
	讓	사양할	양				
		言 부의 17획					
		言 言 譚 譚 譚 讓 讓 讓					
	揚	오를	양				
		手 부의 9획					
		⼀ ⼀ ⼿ 扌 担 担 揚 揚					

54

魚	물고기	어
	魚 부의 0획	
	ノ ｲ ｸ 占 佈 角 舎 魚	

漁	어부	어
	水 부의 11획	
	氵 氵 沪 沪 渔 渔 渔 漁	

語	말씀	어
	言 부의 7획	
	言 言 言 訴 語 語 語	

於	어조사	어
	方 부의 4획	
	丶 亠 方 方 扩 於 於	

憶	생각할	억
	心 부의 13획	
	忄 忄 忄 恃 憶 憶 憶	

億	억	억
	人 부의 13획	
	ｲ 亻 伫 倍 億 億 億	

言	말씀	언
	言 부의 0획	
	丶 亠 亠 言 言 言 言	

嚴	엄할	엄
	口 부의 17획	
	口 吅 严 严 厰 巌 嚴	

業	업	업
	木 부의 9획	
	丷 丱 丱 丱 丵 丵 業	

餘	남을	여
	食 부의 7획	
	亽 今 食 飠 飠 飮 餘 餘	

與	더불어 여
	臼 부의 7획
	F F F' 的 的 舳 與 與
余	나 여
	人 부의 5획
	ノ 八 스 스 今 余 余
汝	너 여
	水 부의 3획
	ﾞ ﾞﾞ 氵 汈 汝 汝
如	같을 여
	女 부의 3획
	く 夕 女 如 如 如
易	바꿀 역 쉬울 이
	日 부의 4획
	一 ㅣ 门 日 月 昜 易 易
逆	거스를 역
	辶 부의 6획
	ﾞ ﾞ 屮 屮 屰 朔 逆 逆
亦	또 역
	亠 부의 4획
	丶 一 ナ 亣 亣 亦
然	그럴 연
	火 부의 8획
	ノ ク 夕 夕 然 然 然 然
煙	연기 연
	火 부의 9획
	丶 丷 火 炉 炉 炳 煙 煙
研	갈, 궁구할 연
	石 부의 6획
	丆 石 石 石 矴 研 研 研

熱	더울 열 火 부의 11획 十 土 冬 幸 刲 刲 熱 熱					
悅	기쁠 열 心 부의 7획 丶 忄 忄 忄 忄 怡 怡 悅					
炎	불꽃 염 火 부의 4획 丶 ソ ヅ 火 火 炏 炎					
葉	잎 엽 艸 부의 9획 艹 艹 茈 苹 苹 苹 葉 葉					
永	길 영 水 부의 1획 丶 ラ ヲ ゔ 永					
英	꽃부리 영 艸 부의 5획 丶 十 艹 芍 苦 英 英					
迎	맞을 영 辶 부의 4획 丶 ロ 卬 卬 迎 迎 迎					
榮	영화 영 木 부의 10획 丶 쌋 쌋 쌋 쌋 榮 榮					
藝	재주 예 艸 부의 15획 丶 十 圥 芅 蓻 藝 藝 藝					
五	다섯 오 二 부의 2획 一 丁 五 五					

午	낮 오					
	十 부의 2획					
	ノ 仁 二 午					

吾	나 오					
	口 부의 4획					
	一 丁 五 五 五 吾 吾					

悟	깨달을 오					
	心 부의 7획					
	′ 忄 忄 忙 悟 悟 悟					

誤	그르칠 오					
	言 부의 7획					
	一 言 言 記 誤 誤 誤 誤					

烏	까마귀 오					
	火 부의 6획					
	′ 亻 宀 户 户 烏 烏 烏					

玉	구슬 옥					
	玉 부의 0획					
	一 丁 干 王 玉					

屋	집 옥					
	尸 부의 6획					
	一 コ 尸 尸 层 屋 屋 屋					

溫	따뜻할 온					
	水 부의 10획					
	氵 汀 沪 沪 沪 温 温 温					

瓦	기와 와					
	瓦 부의 0획					
	一 丁 丆 瓦 瓦					

臥	누울 와					
	臣 부의 2획					
	一 丆 五 五 五 臣 臥 臥					

完	완전할	완					
	宀 부의 4획						
	` ´ 宀 宀 宀 宇 完						

日	말할	왈					
	曰 부의 0획						
	丨 冂 円 日						

王	임금	왕					
	玉 부의 0획						
	一 丁 干 王						

往	갈	왕					
	彳 부의 5획						
	´ ノ 彳 彳 彳 彳 往 往						

外	바깥	외					
	夕 부의 2획						
	ノ ク タ 列 外						

要	중요할	요					
	襾 부의 3획						
	一 丆 帀 襾 襾 覀 要 要						

欲	욕심	욕					
	欠 부의 7획						
	ハ ゲ 父 谷 谷 谷 欲 欲 欲						

浴	목욕할	욕					
	水 부의 7획						
	氵 氵 氵 浐 浴 浴 浴 浴						

用	쓸	용					
	川 부의 0획						
	丿 冂 月 月 用						

勇	날랠	용					
	力 부의 7획						
	ㄱ ㄹ 吊 吊 吊 甬 勇 勇						

容	얼굴 용				
	宀 부의 7획				
	宀宀宛突突容容				
宇	집 우				
	宀 부의 3획				
	宀宀宇宇				
右	오른쪽 우				
	口 부의 2획				
	ノナ右右右				
牛	소 우				
	牛 부의 0획				
	ノ二牛				
友	벗 우				
	又 부의 2획				
	一ナ方友				
雨	비 우				
	雨 부의 0획				
	一一一一雨雨雨雨				
于	어조사 우				
	二 부의 1획				
	一二于				
憂	근심 우				
	心 부의 11획				
	一丁百直息息夢憂				
又	또 우				
	又 부의 0획				
	フ又				
尤	더욱 우				
	尢 부의 1획				
	一ナ尤尤				

遇	만날 우					
	辶 부의 9획					
	冂日咼咼咼禺禺遇遇					
雲	구름 운					
	雨 부의 4획					
	一戶币雨雪雲雲雲					
運	움직일 운					
	辶 부의 9획					
	冂冃冒宣軍軍運運					
云	이를, 말할 운					
	二 부의 2획					
	一二云云					
雄	수컷 웅					
	隹 부의 4획					
	一ナ広広広広雄雄					
元	으뜸 원					
	儿 부의 2획					
	一二于元					
原	근원 원					
	厂 부의 8획					
	一厂厈厈盾原原原					
遠	멀 원					
	辶 부의 10획					
	土吉吉吉袁袁遠遠					
園	동산 원					
	囗 부의 10획					
	丨冂冃周周周園園					
願	원할 원					
	頁 부의 10획					
	一厂盾盾原原願願					

怨 圓 月 位 危 爲 偉 威 由 油

원망 원
心 부의 5획
ノ ク タ 夘 夗 怨 怨 怨

둥글 원
口 부의 10획
丨 冂 冂 冃 圎 圎 圓 圓

달 월
月 부의 0획
丿 刀 月 月

벼슬 위
人 부의 5획
ノ 亻 亻 仕 仲 位 位

위태할 위
卩 부의 4획
ノ ㇒ 厃 产 危 危

할 위
爪 부의 8획
ノ 宀 产 产 爯 爲 爲 爲

클 위
人 부의 9획
亻 亻 亻 伟 侢 偉 偉 偉

위엄 위
女 부의 6획
丿 厂 厈 反 反 威 威 威

까닭 유
田 부의 0획
丨 冂 冉 申 由

기름 유
水 부의 5획
丶 丶 氵 氵 沪 油 油 油

62

酉	닭 유					
	酉 부의 0획					
	一 丆 厅 兀 酉 酉 酉					

有	있을 유					
	月 부의 2획					
	ノ ナ ナ 冇 有 有					

猶	오히려 유					
	犬 부의 9획					
	犭 犭 犷 犷 狝 猶 猶 猶					

唯	오직 유					
	口 부의 8획					
	口 口' 叶 吖 咁 咁 唯 唯					

遊	놀 유					
	辶 부의 9획					
	丶 方 方 扩 访 游 游 遊					

柔	부드러울 유					
	木 부의 5획					
	一 マ マ 予 矛 柔 柔 柔					

遺	남을 유					
	辶 부의 12획					
	口 中 虫 虫 書 貴 遺 遺					

幼	어릴 유					
	幺 부의 2획					
	乡 乡 乡 幻 幼					

肉	고기 육					
	肉 부의 0획					
	丨 冂 冂 内 肉 肉					

育	기를 육					
	肉 부의 4획					
	丶 亠 云 产 育 育 育					

恩 | 은혜 | 은
心 부의 6획
丨 冂 日 用 因 因 恩 恩

銀 | 은 | 은
金 부의 6획
스 스 乍 金 釘 釘 鈤 銀

乙 | 새 | 을
乙 부의 0획
乙

音 | 소리 | 음
音 부의 0획
二 立 立 产 咅 音 音 音

飮 | 마실 | 음
食 부의 4획
스 乍 今 食 食 飮 飮 飮

陰 | 그늘 | 음
阜 부의 8획
丁 阝 阝 阡 阧 陰 陰 陰

吟 | 읊을 | 음
口 부의 4획
丨 冂 口 叻 吟 吟 吟

邑 | 고을 | 읍
邑 부의 0획
丶 口 口 므 吕 吕 邑

泣 | 울 | 읍
水 부의 5획
丶 冫 氵 汁 沙 泣 泣

應 | 응할 | 응
心 부의 13획
一 广 厈 府 府 雁 應 應

64

衣	옷	의
義	옳을	의
議	의논할	의
醫	의원	의
意	뜻	의
依	의지할	의
矣	어조사	의
二	두	이
耳	귀	이
移	옮길	이

衣 부의 0획
`丶 一 ナ ★ 衣 衣`

義 부의 7획
`丷 ソ 羊 羊 義 義 義`

議 부의 13획
`言 計 詳 詳 詳 議 議 議`

醫 부의 11획
`一 天 医 医 医 殹 殹 醫 醫`

意 부의 9획
`一 二 立 音 音 音 意 意`

依 부의 6획
`丿 亻 亻 仃 位 依 依 依`

矣 부의 2획
`厶 厶 屮 厶 矢 矣 矣`

二 부의 0획
`一 二`

耳 부의 0획
`一 丁 丌 丌 耳 耳`

移 부의 6획
`二 千 禾 禾 移 移 移 移`

	以
써 이	
人 부의 3획	
ㅣ ㅣ ㅣ 以 以	

	已
이미 이	
己 부의 0획	
ㄱ ㄱ 已	

	而
어조사 이	
而 부의 0획	
一 ㄤ 了 而 而 而	

	異
다를 이	
田 부의 6획	
田 田 田 田 里 里 里 異	

	益
더할 익	
皿 부의 5획	
八 八 八 公 公 谷 益 益	

	人
사람 인	
人 부의 0획	
丿 人	

	引
끌 인	
弓 부의 1획	
ㄱ ㄱ 弓 引	

	仁
어질 인	
人 부의 2획	
丿 亻 仁 仁	

	因
인할 인	
口 부의 3획	
ㅣ 冂 冂 闪 因 因	

	忍
참을 인	
心 부의 3획	
ㄱ 刀 刃 刃 忍 忍 忍	

認	인정할	인					
	言 부의 7획						
	㇐ ㇏ 言 訂 訒 訒 認 認						

寅	범	인					
	宀 부의 8획						
	宀 宀 宀 宙 宙 宙 宙 寅						

印	도장	인					
	卩 부의 4획						
	㇓ ㇀ ㇏ ㇏ 印 印						

一	한	일					
	一 부의 0획						
	一						

日	날	일					
	日 부의 0획						
	㇑ ㄇ 日 日						

壬	아홉째천간	임					
	士 부의 1획						
	㇓ 二 千 壬						

入	들	입					
	入 부의 0획						
	㇓ 入						

子	아들	자					
	子 부의 0획						
	㇈ 了 子						

字	글자	자					
	子 부의 3획						
	㇔ ㇑ 宀 宀 宁 字 字						

自	스스로	자					
	自 부의 0획						
	㇓ ㇑ ㄇ 白 自 自						

者	놈	자
	老 부의 5획	
	一 土 耂 耂 者 者 者 者	

慈	사랑	자
	心 부의 10획	
	丷 丷 兯 茲 茲 慈 慈	

姉	맏누이	자
	女 부의 5획	
	乚 乚 女 女 女 姉 姉 姉	

作	지을	작
	人 부의 5획	
	丿 亻 亻 亻 作 作 作	

昨	어제	작
	日 부의 5획	
	冂 门 日 日 昨 昨 昨 昨	

長	길	장
	長 부의 0획	
	丨 厂 F F 匡 長 長 長	

章	글	장
	立 부의 6획	
	亠 立 产 音 音 章 章	

場	마당	장
	土 부의 9획	
	十 土 圹 坦 坦 場 場 場	

將	장수	장
	寸 부의 8획	
	丬 丬 凵 护 护 將 將 將	

壯	굳셀	장
	士 부의 4획	
	丬 丬 凵 壮 壯 壯	

		재목	재
		木 부의 3획	
		一 十 才 木 村 材 材	

		재물	재
		貝 부의 3획	
		冂 冂 目 目 貝 貝 財 財	

		있을	재
		土 부의 3획	
		一 ナ 广 在 在 在	

		두번	재
		冂 부의 4획	
		一 厂 冂 両 再 再	

		재주	재
		扌 부의 0획	
		一 十 才	

		심을	재
		木 부의 6획	
		十 土 吉 丰 未 栽 栽 栽	

		어조사	재
		口 부의 6획	
		一 十 土 吉 吉 哉 哉 哉	

		다툴	쟁
		爪 부의 4획	
		ノ ⺈ ⺈ ⚭ 马 鸟 争	

		쌓을	저
		貝 부의 5획	
		冂 冂 目 目 貝 貝 貯 貯	

		낮을	저
		人 부의 5획	
		ノ 亻 亻 仟 仟 低 低	

| 著 | 的 | 赤 | 適 | 敵 | 田 | 全 | 前 | 展 | 電 |

나타날 저
艸 부의 9획
艹 艹 芏 芏 莘 著 著

과녁 적
白 부의 3획
丿 亻 白 白 白 的 的

붉을 적
赤 부의 0획
一 十 土 + 赤 赤

알맞을 적
辶 부의 11획
亠 丷 丙 丙 商 滴 滴 適

대적할 적
攴(攵) 부의 11획
亠 丷 丙 商 商 敵 敵 敵

밭 전
田 부의 0획
丨 冂 田 田 田

온전 전
人 부의 4획
丿 入 亼 仝 全 全

앞 전
刀 부의 7획
丷 丷 宀 前 前 前 前

펼 전
尸 부의 7획
尸 尸 屈 屈 屈 展 展

전기 전
雨 부의 5획
一 冖 雨 雨 雨 電 電 電

70

傳	전할	전					
	人 부의 11획						
	亻 仁 佢 佢 傳 傳 傳						

典	법	전					
	八 부의 6획						
	丨 冂 由 血 典 典 典						

戰	싸움	전					
	戈 부의 12획						
	吅 門 昭 單 單 戰 戰 戰						

錢	돈	전					
	金 부의 8획						
	乍 午 金 鈼 錢 錢 錢 錢						

節	마디	절					
	竹 부의 9획						
	𥫗 筋 筋 筋 筋 節 節						

絶	끊을	절					
	糸 부의 6획						
	纟 糸 糸 紹 紹 紹 絶						

店	가게	점					
	广 부의 5획						
	丶 亠 广 广 庐 店 店						

接	접할	접					
	手 부의 8획						
	扌 扌 扩 护 护 按 接 接						

正	바를	정					
	止 부의 1획						
	一 丅 下 正 正						

政	정사	정					
	攵(攴) 부의 4획						
	一 丁 于 正 卫 政 政						

定	정할 정					
	宀 부의 5획					
	` ` 宀 宀 宇 定 定					
精	정할, 깨끗할 정					
	米 부의 8획					
	` ` 半 米 米 粒 精 精 精					
情	뜻 정					
	心 부의 8획					
	` 忄 忄 忄 忄 情 情 情					
庭	뜰 정					
	广 부의 7획					
	` 亠 广 庐 庄 庄 庭 庭					
丁	장정 정					
	一 부의 1획					
	一 丁					
頂	정수리 정					
	頁 부의 2획					
	` 丁 丆 丌 帀 頂 頂 頂					
停	머무를 정					
	人 부의 9획					
	亻 亻 广 信 信 停 停 停					
井	우물 정					
	二 부의 2획					
	一 二 丰 井					
貞	곧을 정					
	貝 부의 2획					
	` 丶 广 卢 貞 貞 貞					
靜	고요할 정					
	靑 부의 8획					
	十 主 靑 靑 靑 靚 靜 靜					

淨	맑을　　　정
	水 부의 8획
	氵氵氵氵沪沪沪淨淨

弟	아우　　　제
	弓 부의 4획
	丶丷丷弌弟弟弟

第	차례　　　제
	竹 부의 5획
	𥫗竹竹竹筥第第

祭	제사　　　제
	示 부의 6획
	夕夕夕奴終祭祭

帝	임금　　　제
	巾 부의 6획
	一二广产产帝帝

題	제목　　　제
	頁 부의 9획
	日旦早早是題題題

除	덜　　　제
	阜 부의 7획
	阝阝阝阽阽除除

製	지을　　　제
	衣 부의 8획
	二牛制制製製製

諸	여러　　　제
	言 부의 9획
	言言計計詋諸諸

早	이를　　　조
	日 부의 2획
	丨冂日日旦早

造	**지을** 조					
	辶 부의 7획					
	㇐ ㇐ 牛 牛 告 浩 造 造					

鳥	**새** 조					
	鳥 부의 0획					
	㇐ ㇑ 户 户 自 鸟 鳥 鳥					

調	**고를** 조					
	言 부의 8획					
	㇐ ㇒ ㇒ 言 言 訓 訓 調 調					

朝	**아침** 조					
	月 부의 8획					
	㇐ ㇓ 吉 吉 直 卓 朝 朝					

助	**도울** 조					
	力 부의 5획					
	㇑ ㇆ 月 月 且 助 助					

祖	**할아비** 조					
	示 부의 5획					
	㇐ ㇕ ㇣ 示 利 和 祖 祖					

兆	**억조** 조					
	儿 부의 4획					
	㇒ ㇒ ㇈ 兆 兆 兆					

足	**발** 족					
	足 부의 0획					
	㇑ �口 口 무 무 무 足 足					

族	**일가** 족					
	方 부의 7획					
	㇑ ㇈ 方 方 扩 扩 族 族					

存	**있을** 존					
	子 부의 3획					
	㇐ ㇆ 才 存 存 存					

尊	높을	존
	寸 부의 9획
	´ ´ ´ ´ ´ ´ ´ ´ 酋 尊 尊

卒	마칠	졸
	十 부의 6획
	` 亠 广 龙 太 卒 卒

宗	마루	종
	宀 부의 5획
	` ´ 宀 宀 宇 宗 宗

種	씨	종
	禾 부의 9획
	二 千 禾 禾 稻 種 種 種

鐘	쇠북	종
	金 부의 12획
	스 牟 金 釒 鉅 錯 鐘 鐘

終	마칠	종
	糸 부의 5획
	` 幺 糸 糸 紋 級 終 終

從	좇을	종
	彳 부의 8획
	彳 彳 彳 彳 从 從 從 從

左	왼	좌
	工 부의 2획
	一 ナ 左 左 左

坐	앉을	좌
	土 부의 4획
	` 人 샀 샀 坐 坐 坐

罪	허물	죄
	罒 부의 8획
	冂 冂 罒 罒 罪 罪 罪 罪

主	주인 주
注	、부의 4획 ' 亠 十 丰 主
住	흐를 주 水 부의 5획 ' 冫 氵 汁 汁 注 注
酒	머무를 주 人 부의 5획 ' 亻 亻 广 什 住 住
畫	술 주 酉 부의 3획 氵 氵 汀 泗 沥 洒 酒 酒
宙	낮 주 日 부의 7획 ' ㅋ 聿 昼 書 書 書 晝
朱	집 주 宀 부의 5획 ' 宀 宀 宁 宇 宙 宙
走	붉을 주 木 부의 2획 ' 一 二 牛 牛 朱
竹	달릴 주 走 부의 0획 一 十 土 井 圭 走 走
中	대 죽 竹 부의 0획 ' 亻 卜 ㄸ 竹 竹
	가운데 중 丨 부의 3획 丨 口 口 中

重	무거울	중					
	⼧ 부의 2획						
	⼃ ⼀ ⼆ ⼳ ⾳ 重 重 重						

衆	무리	중					
	⾎ 부의 6획						
	⼃ ⼧ ⾎ ⾎ 卑 卑 衆						

即	곧	즉					
	⼙ 부의 7획						
	⼃ ⼧ 白 白 白 即 即						

增	더할	증					
	土 부의 12획						
	圤 圤 圤 圤 圤 增 增						

曾	거듭	증					
	⽈ 부의 8획						
	⼧ 兯 兯 兯 兯 兯 曾 曾						

證	증거	증					
	⾔ 부의 12획						
	言 言 証 証 証 証 證 證						

只	다만	지					
	⼝ 부의 2획						
	⼁ ⼌ ⼞ ⼞ 只						

止	그칠	지					
	⽌ 부의 0획						
	⼁ 上 止 止						

知	알	지					
	⽮ 부의 3획						
	⼃ ⼂ ⽮ 矢 矢 知 知						

地	땅	지					
	土 부의 3획						
	⼀ ⼂ 圤 圤 圤 地						

指	가리킬　　　　지					
	手 부의 6획					
	扌扌扩指指指指指					
志	뜻　　　　　지					
	心 부의 3획					
	一十士志志志志					
支	지탱할　　　　지					
	支 부의 0획					
	一十支支					
至	이를　　　　지					
	至 부의 0획					
	一ㄕㄢㄢ至至					
紙	종이　　　　지					
	糸 부의 4획					
	乡幺幺糸糸糽紙紙					
枝	가지　　　　지					
	木 부의 4획					
	一十才木杧枝枝					
持	가질　　　　지					
	手 부의 6획					
	扌扌扩护拤持持					
之	갈　　　　　지					
	丿 부의 3획					
	丶丶ㄅ之					
直	곧을　　　　직					
	目 부의 3획					
	一十十市市直直直					
眞	참　　　　　진					
	目 부의 5획					
	一ヒド肯肯直直眞眞					

進	나아갈	진
辰	별 진 날 신
盡	다할	진
質	바탕	질
集	모을	집
執	잡을	집
此	이	차
次	버금	차
借	빌릴	차
且	또	차

진 나아갈
辶 부의 8획
亻 亻 什 什 隹 隹 淮 進 進

진 별 날 신
辰 부의 0획
一 厂 厂 厂 厇 辰 辰

진 다할
皿 부의 9획
子 子 킈 圭 聿 畫 書 畵 盡

질 바탕
貝 부의 8획
厃 厃 产 产 所 所 質 質

집 모을
隹 부의 4획
亻 亻 亻 什 隹 隹 隼 集

집 잡을
土 부의 8획
土 キ 古 幸 幸 剌 執 執

차 이
止 부의 2획
丨 卜 止 止 此 此

차 버금
欠 부의 2획
冫 冫 次 次 次

차 빌릴
人 부의 8획
亻 亻 什 件 供 借 借 借

차 또
一 부의 4획
丨 冂 月 月 且

79

着 | 붙을 착
日 부의 7획
丷 丷 半 半 羊 着 着 着

察 | 살필 찰
宀 부의 11획
宀 宀 ヴ 灾 灾 突 察 察

參 | 참여할 참
厶 부의 9획
ム ム ム 朵 夾 夾 參 參

唱 | 부를 창
口 부의 8획
口 叮 叮 叩 吧 唱 唱 唱

昌 | 창성할 창
日 부의 4획
ㅣ 冂 冂 日 昌 昌 昌 昌

窓 | 창문 창
穴 부의 6획
ㆍ 宀 宀 灾 灾 空 窓 窓

採 | 캘 채
手 부의 8획
扌 扌 扩 护 拝 採 採 採

菜 | 나물 채
艸 부의 8획
ㅛ 芊 芊 芊 茅 菜 菜 菜

責 | 꾸짖을 책
貝 부의 4획
一 十 圭 圭 丰 责 責 責

冊 | 책 책
冂 부의 3획
ㅣ 冂 冊 冊 冊

80

處	곳 처					
	虍 부의 5획					
	ノ ⺊ 广 声 虎 虎 虔 處					
妻	아내 처					
	女 부의 5획					
	一 ㄋ 글 글 丰 妻 妻 妻					
尺	자 척					
	尸 부의 1획					
	ㄱ ㄱ 尸 尺					
千	일천 천					
	十 부의 1획					
	ノ 二 千					
天	하늘 천					
	大 부의 1획					
	一 二 于 天					
川	내 천					
	巛 부의 0획					
	ノ 刀 川					
淺	얕을 천					
	水 부의 8획					
	氵 氵 浐 浅 浅 浅 淺 淺					
泉	샘 천					
	水 부의 5획					
	ノ 冖 白 白 宀 身 泉 泉					
鐵	쇠 철					
	金 부의 13획					
	幺 鈩 鈩 鈺 錯 鐵 鐵 鐵					
靑	푸를 청					
	靑 부의 0획					
	一 十 ‡ 主 丰 靑 靑 靑					

清	맑을　　청					
	水 부의 8획					
	氵 氵 汁 汁 沣 清 清 清					
請	청할　　청					
	言 부의 8획					
	言 言 言 計 詰 請 請 請					
聽	들을　　청					
	耳 부의 16획					
	一 T 耳 耵 耵 聹 聽 聽					
晴	갤　　　청					
	日 부의 8획					
	刀 日 日 旷 旷 晴 晴 晴					
體	몸　　　체					
	骨 부의 13획					
	冎 咼 骨 骨 骺 體 體 體					
初	처음　　초					
	刀 부의 5획					
	一 礻 礻 礻 初 初					
草	풀　　　초					
	艸 부의 6획					
	丶 卝 艻 芍 苩 苩 草					
招	불러올　초					
	手 부의 5획					
	一 十 扌 扪 扪 扣 招 招					
寸	마디　　촌					
	寸 부의 0획					
	一 十 寸					
村	마을　　촌					
	木 부의 3획					
	一 十 才 木 木 村 村					

最 | 가장 | 최
| Ⅱ 부의 8획
| 冂 目 且 旦 昇 最 最

秋 | 가을 | 추
| 禾 부의 4획
| 二 千 禾 禾 禾 利 秋 秋

追 | 따를 | 추
| 辶 부의 6획
| 亻 阝 阝 阜 自 㡳 追 追

推 | 밀 | 추
| 扌 부의 8획
| 扌 扌 扩 扦 扦 扩 扣 推

祝 | 빌 | 축
| 示 부의 5획
| 二 千 禾 礻 礼 初 初 祝

丑 | 소 | 축
| 부의 3획
| 刁 丑 丑 丑

春 | 봄 | 춘
| Ⅱ 부의 5획
| 二 三 声 夫 未 春 春 春

出 | 날 | 출
| Ⅱ 부의 3획
| ㅣ 屮 屮 出 出

充 | 채울 | 충
| 儿 부의 4획
| 丶 亠 云 㐬 充

忠 | 충성 | 충
| 心 부의 4획
| 丶 冂 口 中 忠 忠 忠

벌레 충

蟲 虫 부의 12획

口 中 虫 虫 虫 虫 蟲 蟲

거둘 취

取 又 부의 6획

一 厂 丆 冝 耳 取 取

나아갈 취

就 尢 부의 9획

亠 古 亨 京 京 就 就 就

불 취

吹 口 부의 4획

丨 冂 口 叭 吣 吹

다스릴 치

治 水 부의 5획

丶 冫 氵 氵 沧 治 治 治

이를 치

致 至 부의 4획

乊 工 互 五 至 至 致 致

이 치

齒 齒 부의 0획

丨 丨 止 齿 齿 齿 齒 齒

법칙 칙 **곧** 즉

則 刀 부의 7획

冂 冂 月 月 月 貝 則 則

친할 친

親 見 부의 9획

亠 立 立 辛 亲 郣 親 親

일곱 칠

七 一 부의 1획

一 七

바늘	침					
金 부의 2획						
ノ 入 亼 牟 余 金 釒 針						

시원할	쾌					
心 부의 4획						
ヽ ヽ 忄 忄 忄 快 快						

다를	타					
人 부의 3획						
ノ イ 仁 仲 他						

칠	타					
手 부의 2획						
一 十 扌 扩 打						

벗어날	탈					
肉 부의 7획						
刀 月 肝 肸 胪 胪 脱 脱						

더듬을	탐					
手 부의 8획						
扌 扩 扩 扩 扠 挼 探 探						

클, 편안할	태					
大 부의 1획						
一 ナ 大 太						

클, 편안할	태					
水 부의 5획						
三 丰 夫 奉 泰 泰 泰 泰						

집	택					
宀 부의 3획						
ヽ ヽ 宀 宀 宅 宅						

흙	토					
土 부의 0획						
一 十 土						

通

통할 통

辶 부의 7획

マ マ 丙 甬 甬 涌 涌 通

統

거느릴 통

糸 부의 6획

ㄥ ㄠ 糸 紵 紵 統 統 統

退

물러날 퇴

辶 부의 6획

ㄱ ㅋ ㅋ ㅌ 艮 艮 退 退

投

던질 투

扌 부의 4획

一 十 扌 扌 护 投 投

特

특별할 특

牛 부의 6획

ㅗ ㅕ ㅕ 牛 牜 特 特 特

破

깨뜨릴 파

石 부의 5획

ㄱ 石 石 石 矿 矿 破 破

波

물결 파

水 부의 5획

丶 丶 氵 氵 沪 沪 波 波

判

판단할 판

刀 부의 5획

丶 丷 半 半 半 判 判

八

여덟 팔

八 부의 0획

ノ 八

敗

패할 패

攴(攵)부의 7획

ㅣ ㄇ 目 貝 貝 貯 敗 敗

86

貝	조개 패	貝 부의 0획	丨 冂 冃 月 目 貝 貝
篇	책 편	竹 부의 9획	⺮ 竹 笞 笞 笞 篇 篇 篇
便	편할 편 오줌 변	人 부의 7획	亻 亻 仁 仨 佢 佢 便 便
片	조각 편	片 부의 0획	丿 丿 片 片
平	평평할 평	干 부의 2획	一 ㄏ 八 亖 平
閉	닫을 폐	門 부의 3획	丨 冂 冃 門 門 門 閉 閉
布	베 포	巾 부의 2획	丿 ナ 𠂇 右 布
抱	안을 포	手 부의 5획	一 扌 扌 扌 扚 抅 抅 抱
暴	사나울 포 나타낼 폭	日 부의 11획	口 日 旦 昱 異 異 暴 暴
表	바깥 표	衣 부의 3획	一 十 丰 圭 声 表 表 表

品 품수 **품**

口 부의 6획

丨 丨 丨 丨 丨 品 品

風 바람 **풍**

風 부의 0획

丿 几 凡 凡 凨 風 風 風

豐 풍성할 **풍**

豆 부의 11획

丨 曰 針 針 糶 鶝 鵲 豐

皮 가죽 **피**

皮 부의 0획

丿 厂 广 皮 皮

彼 저 **피**

彳 부의 5획

丿 彳 彳 彳 彷 彷 彼 彼

必 반드시 **필**

心 부의 1획

丶 丿 必 必 必

匹 짝 **필**

匚 부의 2획

一 匚 匹 匹

筆 붓 **필**

竹 부의 6획

丿 竹 竹 竹 笁 笆 筐 筆

下 아래 **하**

一 부의 2획

一 丁 下

何 어찌 **하**

人 부의 5획

丿 亻 亻 伫 伫 何 何 何

| 夏 | 여름 | 하 |
| 夊 부의 7획 |
| 一 丆 百 百 百 戸 頁 夏 |

| 賀 | 하례할 | 하 |
| 貝 부의 5획 |
| フ カ カ 加 加 智 賀 賀 |

| 河 | 강물 | 하 |
| 水 부의 5획 |
| 丶 冫 氵 沪 沪 沪 河 河 |

| 學 | 배울 | 학 |
| 子 부의 13획 |
| 丷 丫 臼 臼 與 與 學 學 |

| 寒 | 찰 | 한 |
| 宀 부의 9획 |
| 宀 宀 宙 寋 寋 寒 寒 寒 |

| 韓 | 나라이름 | 한 |
| 韋 부의 8획 |
| 十 古 卓 卓 乾 軯 韓 韓 |

| 漢 | 한나라 | 한 |
| 水 부의 11획 |
| 氵 汸 汼 洴 漢 漢 漢 漢 |

| 恨 | 한할 | 한 |
| 心 부의 6획 |
| 丶 忄 忄 忄 忄 恨 恨 恨 |

| 限 | 한정 | 한 |
| 阜 부의 6획 |
| 阝 阝 阝 阝 阝 限 限 |

| 閑 | 한가할 | 한 |
| 門 부의 4획 |
| 丨 冂 冂 門 門 門 閑 閑 |

合	합할	합
恒	口 부의 3획	
	ノ 人 스 슾 合 合	
恒	항상	항
	心 부의 6획	
	` 忄 忄 忄 忄 恒 恒	
害	해칠	해
	宀 부의 7획	
	` 宀 宀 宔 宔 害 害	
海	바다	해
	水 부의 7획	
	氵 氵 汇 氻 海 海 海 海	
解	풀	해
	角 부의 6획	
	″ 勹 勹 角 角 角 解 解	
亥	돼지	해
	亠 부의 4획	
	` 亠 宀 歺 亥 亥	
行	다닐	행
	行 부의 0획	
	` ノ ′ 彳 行 行	
幸	다행	행
	干 부의 5획	
	一 十 土 圡 去 幸 幸 幸	
香	향기	향
	香 부의 0획	
	` 二 千 禾 禾 香 香 香	
鄕	고향	향
	邑 부의 10획	
	` 乡 乡 纩 绑 绑 鄕 鄕	

90

향할 향

向 부의 3획

`` ′ 宀 向 向 向

빌 허

虍 부의 6획

` ⺊ 广 虍 虍 虚 虚 虛

허락할 허

言 부의 4획

` ⸱ ⸱ 言 言 計 許 許

가죽 혁

革 부의 0획

一 卄 卄 芇 芇 苗 革

나타날 현

王 부의 7획

一 干 王 玾 玾 玾 玥 現

어질 현

貝 부의 8획

丨 丆 FF 臣 臤 臤 腎 賢

피 혈

血 부의 0획

` ′ ⺁ 冇 血 血

화할 협

十 부의 6획

一 十 忄 朸 協 協 協 協

맏 형

儿 부의 3획

丨 冂 口 尸 兄

얼굴 형

彡 부의 4획

一 二 干 开 开 形 形

91

刑	형벌	형					
	刀 부의 4획						
	一 二 干 开 刑 刑						

惠	은혜	혜					
	心 부의 8획						
	一 币 百 車 東 車 惠 惠						

好	좋아할	호					
	女 부의 3획						
	く 女 女 女 好 好						

號	부르짖을	호					
	虍 부의 7획						
	丶 口 号 號 號 號 號 號						

湖	호수	호					
	水 부의 9획						
	氵 氵 汁 洋 洋 油 湖 湖						

乎	어조사	호					
	丿 부의 4획						
	丶 ⺊ 口 丠 乎						

虎	범	호					
	虍 부의 2획						
	丶 ⺊ 广 卢 虍 虎 虎						

戶	지게	호					
	戶 부의 0획						
	一 丆 戶 戶						

呼	부를	호					
	口 부의 5획						
	丨 冂 口 口 吁 吁 呼						

或	혹시	혹					
	戈 부의 4획						
	一 丁 戸 戸 或 或 或						

婚	**혼인할** 혼
	女 부의 8획
	し し 女 妒 妒 娇 婚 婚
混	**섞일** 혼
	水 부의 8획
	氵 氵 沪 沪 沪 泥 混 混
紅	**붉을** 홍
	糸 부의 3획
	㇐ 幺 幺 糸 糸 糽 紅 紅
火	**불** 화
	火 부의 0획
	㇒ ㇐ 少 火
化	**변화할** 화
	匕 부의 2획
	㇒ 亻 仃 化
花	**꽃** 화
	艸 부의 4획
	丶 ㇐ 艹 艹 花 花 花 花
貨	**재화** 화
	貝 부의 4획
	㇒ 亻 仃 化 化 貨 貨 貨
和	**화할** 화
	口 부의 5획
	㇒ 二 千 禾 禾 和 和 和
話	**말씀** 화
	言 부의 6획
	二 言 言 言 訂 訴 話 話
華	**빛날** 화
	艸 부의 8획
	丶 ㇐ 艹 芏 莖 莖 莖 華

93

畫 그림 **화** 가를 **획**

田 부의 7획

一 ㄱ ㅋ ㅋ 聿 聿 書 書 畫 畫

歡 기뻐할 **환**

欠 부의 18획

` 一 盐 萨 蔀 蘿 歡 歡

患 근심 **환**

心 부의 7획

ㄱ ㅁ ㅁ 呂 串 串 患 患

活 살 **활**

水 부의 6획

` ⼆ ⺡ ⺡ 泙 汗 活 活

黃 누를 **황**

黃 부의 0획

一 卄 廿 苎 苦 苗 黃 黃

皇 임금 **황**

白 부의 4획

` ⼉ 冇 白 白 阜 阜 皇

回 돌아올 **회**

口 부의 3획

丨 冂 冋 冋 回 回

會 모일 **회**

日 부의 9획

人 人 佘 佘 倉 倉 會 會

孝 효도 **효**

子 부의 4획

一 十 土 耂 耂 孝 孝

效 본받을 **효**

攴(攵) 부의 6획

⼀ 六 六 亥 亥 交 効 効 效

後	뒤 후				
厚	두터울 후				
訓	가르칠 훈				
休	쉴 휴				
凶	흉할 흉				
胸	가슴 흉				
黑	검을 흑				
興	흥할 흥				
希	바랄 희				
喜	기쁠 희				

後 뒤 후
彳 부의 6획
ノ 彳 彳 彳 後 後 後 後

厚 두터울 후
厂 부의 7획
一 厂 厂 厚 厚 厚 厚 厚

訓 가르칠 훈
言 부의 3획
亠 亖 言 言 言 訇 訓 訓

休 쉴 휴
人 부의 4획
ノ 亻 亻 什 休 休

凶 흉할 흉
凵 부의 2획
ノ メ 凶 凶

胸 가슴 흉
肉 부의 6획
丿 刀 月 肑 肑 肑 胸 胸

黑 검을 흑
黑 부의 0획
丨 口 甲 甲 甲 里 里 黑

興 흥할 흥
臼 부의 9획
丨 月 月 舁 興 興 興 興

希 바랄 희
巾 부의 4획
ノ メ 乂 产 希 希 希

喜 기쁠 희
口 부의 9획
一 十 士 吉 吉 吉 直 喜

2

고등 900
漢字쓰기

高

等

九

百

漢

字

架 시렁 가 木 부의 5획 フ カ 加 加 加 架 架 架					
暇 한가할 가 日 부의 9획 刀 日 旷 旷 昭 睥 暇 暇					
閣 누각 각 門 부의 6획 1 广 阝 門 門 閉 関 閣					
却 물러설 각 卩 부의 5획 一 十 土 去 去 却 却					
覺 깨달을 각 見 부의 13획 4 4 4 4 4 4 4 1 覺 覺					
刻 새길 각 刀 부의 6획 ᅳ ナ ㅗ 亥 亥 亥 刻 刻					
刊 책펴낼 간 刀 부의 3획 一 二 千 刊 刊					
肝 간 간 肉 부의 3획 丿 刀 月 月 月 肝 肝					
幹 줄기 간 干 부의 10획 + 古 古 卓 卓 幹 幹 幹					
簡 간략할 간 竹 부의 12획 ᅩ ᄷ ᄷ 節 節 節 簡 簡					

98

간사할	간
女 부의 6획	
ㄣ ㄥ 女 女 女 妾 姦 姦	

정성	간
心 부의 13획	
ㄗ ㄗ 彡 彡彡 彡艮 懇 懇 懇	

살필	감
皿 부의 9획	
ㅣ 厂 厂 臣 臣丶 臣匕 監 監	

거울	감
金 부의 14획	
수 金 釒 釓 釖 鉅 鑑 鑑	

편안할	강
广 부의 8획	
丶 亠 广 庐 庐 庚 康 康	

강건할	강
刀 부의 8획	
冂 冂冂 冂冂 冏 岡 岡 剛 剛	

강철	강
金 부의 8획	
ㅅ ㅡ 釒 釒 釘 鋼 鋼 鋼	

벼리	강
糸 부의 8획	
ㄑ 幺 糹 紀 網 網 網 網	

중개할	개
人 부의 2획	
ノ 人 介 介	

슬플	개
心 부의 11획	
忄 忄 忄 忄 忾 忾 慨 慨	

99

대개	개
木 부의 11획	

术 朮 朾 柑 柑 柑 槪 槪

덮을	개
艸 부의 10획	

丶 十 艹 苎 芏 蓋 蓋 蓋

떨어질	거
足 부의 5획	

口 口 卩 早 趴 趴 距 距

물리칠	거
手 부의 5획	

一 十 扌 扩 扩 拒 拒 拒

의거할	거
手 부의 13획	

扌 扩 扩 扩 扩 搪 據 據

사건	건
人 부의 4획	

丿 亻 亻 仁 件 件

굳셀	건
人 부의 9획	

亻 亻 亻 律 律 律 健 健

뛰어날	걸
人 부의 10획	

亻 亻 亻 侓 傑 傑 傑

빌	걸
乙 부의 2획	

丿 乍 乞

아낄	검
人 부의 13획	

亻 伫 伫 伶 伶 倫 儉 儉

검술	검
刀 부의 13획	
ʼ ʼ 刍 刍 刍 刍 劍 劍	

조사할	검
木 부의 13획	
十 才 栌 栌 栓 梌 檢 檢	

격식	격
木 부의 6획	
十 才 才 杦 柊 格 格 格	

칠	격
手 부의 13획	
亘 車 軎 軎 軤 毃 毃 擊	

격할	격
水 부의 13획	
氵 沪 沪 渻 溏 潹 激 激	

막을	격
阜 부의 10획	
阝 阝 阝 阿 阿 隔 隔 隔	

어깨	견
肉 부의 4획	
̄ 亅 厈 厈 启 肩 肩 肩	

비단	견
糸 부의 7획	
ˊ ㄠ ㄠ 糹 紒 絗 絹 絹	

보낼	견
辶 부의 10획	
口 中 虫 串 書 書 漕 遣	

이끌	견
牛 부의 7획	
丶 亠 亠 玄 牽 牽 牽 牽	

101

이지러질	결
缶 부의 4획	
亠 亠 牛 矢 缶 缸 缺 缺	

겸할	겸
八 부의 8획	
八 쓰 今 쇼 華 華 兼 兼	

겸손할	겸
言 부의 10획	
言 言 訐 訝 評 謙 謙 謙	

마침내	경
立 부의 6획	
亠 立 立 产 音 音 竟 竟	

지경	경
土 부의 11획	
十 土 扩 圹 垆 培 境 境	

거울	경
金 부의 11획	
亠 仐 金 釒 鈩 錇 鏑 鏡	

잠깐	경
頁 부의 2획	
丶 七 七 坅 坷 頃 頃 頃	

기울어질	경
人 부의 11획	
亻 化 伫 倾 傾 傾 傾	

굳을	경
石 부의 7획	
丆 石 石 矿 砳 硨 硬 硬	

경계할	경
言 부의 13획	
艹 芍 芍 苟 敬 敬 警 警	

徑	지름길	경					
	彳 부의 7획						
	彳 彳 彳 徑 徑 徑 徑 徑						

卿	벼슬	경					
	卩 부의 10획						
	卩 卯 卯 卯 卯 卿 卿						

系	이을	계					
	糸 부의 1획						
	一 亠 云 五 系 系 系						

係	맬	계					
	人 부의 7획						
	亻 亻 伒 伄 係 係 係						

戒	경계할	계					
	戈 부의 3획						
	一 二 干 开 戒 戒 戒						

械	기계	계					
	木 부의 7획						
	十 木 杧 柿 柿 械 械 械						

繼	이을	계					
	糸 부의 14획						
	幺 幺 糸 糸 綣 綣 繼 繼						

契	맺을	계					
	人 부의 6획						
	一 三 丰 却 却 契 契 契						

桂	계수나무	계					
	木 부의 6획						
	十 木 木 杵 柱 桂 桂 桂						

啓	열	계					
	口 부의 8획						
	亻 戶 戶 卽 卽 啟 啓 啓						

階	섬돌	계
	阜 부의 9획	
	3 β β' 肸 肸 階 階 階	

繫	얽을	계
	糸 부의 13획	
	一 一 一 車 車 繋 繋 繋	

枯	마를	고
	木 부의 5획	
	一 十 才 木 朴 杧 枯 枯	

姑	시어머니	고
	女 부의 5획	
	ㄥ ㄑ 女 女 女 姑 姑 姑	

庫	창고	고
	广 부의 7획	
	丶 一 广 广 庐 盾 庫 庫	

孤	외로울	고
	子 부의 5획	
	ㄱ ㄱ 孑 孑 狐 孤 孤 孤	

鼓	북	고
	鼓 부의 0획	
	十 士 吉 吉 查 彭 鼓 鼓	

稿	볏집, 원고	고
	禾 부의 10획	
	二 千 禾 禾 稆 秸 稿 稿	

顧	돌아볼	고
	頁 부의 12획	
	厂 尸 尸 尸 戽 雇 顧 顧	

哭	울	곡
	口 부의 7획	
	丨 冂 口 叩 叩 哭 哭 哭	

孔	구멍	공
	孑 부의 1획	
	ㄱ 了 孑 孔	

供	이바지할	공
	人 부의 6획	
	ノ イ 仁 什 供 供 供	

恭	공손할	공
	心 부의 6획	
	一 艹 共 共 共 恭 恭	

攻	칠	공
	攴 부의 3획	
	一 T I I' I女 攻 攻	

恐	두려울	공
	心 부의 6획	
	丁 I I' 巩 巩 恐 恐	

貢	세금	공
	貝 부의 3획	
	一 T 工 丂 青 青 貢 貢	

誇	자랑할	과
	言 부의 6획	
	` = 言 訂 誇 誇 誇 誇	

寡	적을	과
	宀 부의 11획	
	宀 宇 宋 宵 宣 寡 寡 寡	

郭	성곽	곽
	邑 부의 8획	
	` 亠 古 亯 亨 享 郭 郭	

館	객사	관
	食 부의 8획	
	ノ 今 拿 食 飵 飵 館 館	

관		관
竹 부의 8획
ノ ト ゲ ゲ ゲ ゲ 管 管

꿰뚫을		관
貝 부의 4획
ㄴ ㅁ 罒 毌 毌 毌 貫 貫 貫

습관		관
心 부의 11획
忄 忄 忄 忄 忄 忄 慣 慣

갓		관
冖 부의 7획
冖 冖 冖 冖 冠 冠 冠 冠

너그러울		관
宀 부의 12획
宀 宀 宀 宀 寏 寏 寬 寬

쇳돌		광
金 부의 15획
牟 釒 釦 鋶 鑛 鑛 鑛

미칠		광
犭 부의 4획
ノ イ イ 犭 狂 狂 狂

걸		괘
手 부의 8획
扌 扌 扌 扌 扗 挂 掛 掛

덩어리		괴
土 부의 10획
扌 扌 扌 坍 坳 坤 塊 塊

부끄러울		괴
心 부의 10획
忄 忄 忄 忄 忄 恼 愧 愧

怪	괴이할 괴
	心 부의 5획
	丶 丶 忄 忆 怀 怪 怪

壞	무너질 괴
	土 부의 16획
	扌 圹 坤 坤 壞 壞 壞

郊	교외 교
	邑 부의 6획
	丶 亠 六 交 交 郊 郊

較	비교할 교
	車 부의 6획
	一 冃 百 直 車 軡 軡 較

巧	공교할 교
	工 부의 2획
	一 T 工 圬 巧

矯	바로잡을 교
	矢 부의 12획
	亠 矢 矢 矫 矫 矯 矯 矯

丘	언덕 구
	一 부의 4획
	丶 丘 斤 丘 丘

俱	함께 구
	人 부의 8획
	亻 俨 們 俱 俱 俱 俱

狗	개 구
	犬 부의 5획
	丶 犭 犭 犳 狗 狗 狗

懼	두려워할 구
	心 부의 18획
	忄 忛 悍 懼 懼 懼 懼 懼

			땅이름 구 거북 귀

땅이름 구 거북 귀

龜 부의 0획

갑 ꟼ 龜 龜 龜 龜 龜 龜

몰 구

馬 부의 11획

ㅣ Π 馬 馬 駆 駆 驅 驅

얽을 구

木 부의 10획

ㅓ 扩 杆 样 桂 構 構 構

갖출 구

八 부의 6획

ㅣ Π Ω Ω 目 且 具 具

구역 구

匚 부의 9획

一 丁 ㄅ 帚 帚 帚 品 區

잡을 구

扌 부의 5획

一 寸 扌 扗 扚 拘 拘 拘

둥글 구

玉 부의 7획

一 ㅜ 王 珇 珂 珂 球 球

구차할 구

艸 부의 5획

ㅣ ㅓ 芍 芍 芍 苟 苟

국화 국

艸 부의 8획

ㅣ ㅓ 芍 芍 芍 菊 菊 菊

판 국

尸 부의 4획

一 ㄱ ㄹ 尸 局 局 局

群	무리	군
屈	羊 부의 7획 `ㄱ ㅋ ㅋ 君 君 群 群 群`	
宮	굽힐	굴
窮	尸 부의 5획 `ㄱ ㄱ ㄹ 尸 尺 屈 屈 屈`	
券	집	궁
拳	﹁ 부의 7획 `丶 宀 宀 宀 宁 宮 宮 宮`	
厥	궁구할,막힐	궁
軌	穴 부의 10획 `丶 宀 宀 宀 穸 穹 窮 窮`	
鬼	문서	권
規	刀 부의 6획 `丶 丷 半 半 券 券`	
	주먹	권
	手 부의 6획 `丶 丷 半 半 拳 拳`	
	숙일	궐
	厂 부의 10획 `一 厂 尸 屈 屛 厥 厥 厥`	
	굴대	궤
	車 부의 2획 `一 币 冃 百 車 軌 軌`	
	귀신	귀
	鬼 부의 0획 `丶 宀 甶 曲 由 鬼 鬼 鬼`	
	법	규
	見 부의 4획 `一 三 夫 扫 規 規 規 規`	

叫	부르짖을	규					
	口 부의 2획						
	ㅣ ㄇ ㅁ 叫 叫						
糾	살필	규					
	糸 부의 2획						
	ㄑ ㄠ ㅡ 糸 糾 糾 糾						
菌	곰팡이	균					
	艸 부의 8획						
	ㅡ �235 芦 芮 菌 菌 菌						
克	이길	극					
	儿 부의 5획						
	ㅡ 十 古 古 古 声 克						
劇	심할	극					
	刀 부의 13획						
	ㅗ 广 卢 庐 虏 虜 豦 劇						
斤	근	근					
	斤 부의 0획						
	ㅅ 厂 斥 斤						
僅	겨우	근					
	人 부의 11획						
	亻 亻 亻 亻 佶 佳 僅 僅						
謹	삼갈	근					
	言 부의 11획						
	言 言 言 計 詳 誰 謹 謹						
禽	날짐승	금					
	内 부의 8획						
	人 人 今 今 禽 禽 禽 禽						
琴	거문고	금					
	玉 부의 8획						
	丁 王 玨 珏 珡 琴 琴 琴						

錦	비단　금
	金 부의 8획
	ᄼ ᅩ ᅭ 金 釒 鈤 鈤 錦 錦

級	차례　급
	糸 부의 4획
	ᄼ ᅀ ᅀ 糸 糸 絽 級 級

肯	자랑　긍
	肉 부의 4획
	ᅡ ᅡ ᅣ 止 片 肯 肯

忌	꺼릴　기
	心 부의 3획
	ᄀ ᄀ ᄅ 己 忌 忌 忌

棄	버릴　기
	木 부의 8획
	ᅭ ᅭ 亝 杏 奋 奋 亝 棄

祈	빌　기
	示 부의 4획
	ᅳ 亍 示 示 祁 祈 祈 祈

豈	어찌　기 　즐길　개
	豆 부의 3획
	ᅡ ᅭ 屵 屵 屵 崑 崑 豈

機	기계　기
	木 부의 12획
	木 杤 杪 楼 樯 機 機 機

騎	말탈　기
	馬 부의 8획
	ᅵ 川 馬 馬 馬 馰 騎 騎

紀	벼리　기
	糸 부의 3획
	ᄼ ᅀ ᅀ 糸 糸 紀 紀 紀

111

飢	주릴	기					
	食 부의 2획						
	⺈ ⺈ ⻝ ⻝ 食 食 飠 飢 飢						

旗	기	기					
	方 부의 10획						
	⺁ 亠 方 扩 扩 施 施 旗 旗						

欺	속일	기					
	欠 부의 8획						
	一 ⺿ 甘 甘 其 欺 欺 欺						

企	꾀할	기					
	人 부의 4획						
	ノ 人 个 仐 企 企						

奇	기이할	기					
	大 부의 5획						
	一 ナ 大 立 卉 杏 杏 奇						

寄	부칠	기					
	宀 부의 8획						
	宀 宀 宀 宖 宓 宭 宭 寄						

畿	경기, 지경	기					
	田 부의 10획						
	⺱ ⺱ 丝 经 絆 畿 畿 畿						

器	그릇	기					
	口 부의 13획						
	丶 口 吅 吅 哭 哭 器 器						

緊	급할	긴					
	糸 부의 8획						
	Ⅰ ⼛ ⼛ 臣 臤 堅 緊 緊						

那	어찌	나					
	邑 부의 4획						
	⺄ ⺕ ⺕ 用 那 那 那						

112

諾 허락할 낙
言 부의 9획
亠 宁 宁 盲 計 訝 諾 諾 諾

納 들일 납
糸 부의 4획
乙 幺 名 糸 糸 紀 納 納

娘 각시 낭
女 부의 7획
乙 女 女 女 妒 娘 娘 娘

奈 어찌 내
人 부의 5획
一 ナ 大 太 杏 杏 奈 奈

耐 견딜 내
而 부의 3획
一 丁 丙 而 而 耐 耐

寧 편안할 녕
宀 부의 11획
宀 宁 宁 宵 宵 宵 宵 寧

奴 종 노
女 부의 2획
乙 女 女 奴 奴

努 힘쓸 노
力 부의 5획
乙 女 女 奴 奴 努 努

腦 머릿골 뇌
肉 부의 9획
月 月 肜 朏 肜 腦 腦 腦

惱 괴로워할 뇌
心 부의 9획
忄 忄 忄 恼 恼 惱 惱 惱

泥	진흙	니
	水 부의 5획
	`丶 氵 氵 沪 沪 泥 泥`

茶	차	다
	艸 부의 6획
	`丶 艹 艾 芩 茶 茶 茶`

旦	아침	단
	日 부의 1획
	`丨 冂 日 日 旦`

團	모일	단
	口 부의 11획
	`冂 門 同 團 團 團 團 團`

壇	단	단
	土 부의 13획
	`土 圹 圹 圹 壇 壇 壇 壇`

斷	끊을	단
	斤 부의 14획
	`亅 幺 幺 酱 斷 斷 斷 斷`

段	계단	단
	殳 부의 5획
	`亻 亻 亻 亻 臼 卧 段 段`

檀	박달나무	단
	木 부의 13획
	`十 木 朽 柿 柿 檀 檀 檀`

淡	물맑을	담
	水 부의 8획
	`氵 氵 氵 沙 淡 淡 淡 淡`

擔	멜	담
	手 부의 13획
	`扌 扌 扌 扩 扩 擔 擔 擔`

畓	논 답
	田 부의 4획
	丿 丬 扩 水 水 杳 畓 畓

踏	밟을 답
	足 부의 8획
	口 口 干 足 距 趵 踏 踏

唐	나라, 황당할 당
	口 부의 7획
	` 宀 广 户 户 唐 唐 唐

糖	사탕 당
	米 부의 10획
	` 丷 米 米 粁 粁 糖 糖

黨	무리 당
	黑 부의 8획
	` 冖 훙 훙 훙 훙 黨 黨

貸	빌릴 대
	貝 부의 5획
	亻 仁 代 代 侔 貸 貸 貸

臺	정자 대
	至 부의 8획
	土 吉 吉 直 直 喜 臺 臺

隊	대열 대
	阜 부의 9획
	阝 阝 阡 阼 隊 隊 隊 隊

帶	띠 대
	巾 부의 8획
	一 十 卅 卅 卌 帯 帶 帶

桃	복숭아 도
	木 부의 6획
	十 木 朾 村 杉 机 桃 桃

벼	도
禾 부의 10획	
二 千 禾 禾 秆 秆 稻 稻 稻	

뛸	도
足 부의 6획	
罒 罒 罓 趵 趵 趵 跳 跳	

질그릇	도
阜 부의 8획	
阝 阝 阝 陶 陶 陶 陶 陶	

길	도
辶 부의 7획	
八 合 全 余 涂 途 途	

달아날	도
辶 부의 6획	
丿 刂 扎 北 兆 兆 逃 逃	

넘어질	도
人 부의 8획	
亻 亻 俨 俨 侄 侄 倒 倒	

인도할	도
寸 부의 13획	
亠 丷 首 首 道 道 導 導	

집적거릴	도
手 부의 6획	
扌 扌 扌 扑 挑 挑 挑	

훔칠	도
皿 부의 7획	
氵 氵 汸 汸 次 盗 盗 盗	

건널	도
水 부의 9획	
氵 汇 汇 沪 泸 泸 渡 渡	

塗	진흙	도
	土 부의 10획	
	氵 汀 汵 涂 涂 涂 塗 塗 塗	

毒	독	독
	毋 부의 4획	
	一 十 土 主 青 青 青 毒	

督	감독할	독
	目 부의 8획	
	丨 上 卡 未 叔 叔 督 督	

篤	도타울	독
	竹 부의 10획	
	宀 竹 竹 竺 筥 筥 篤 篤 篤	

豚	돼지	돈
	豕 부의 4획	
	刀 月 肝 肝 肝 豚 豚 豚	

敦	도타울	돈
	攵 부의 8획	
	亠 古 亨 亨 夈 敦 敦 敦	

突	갑자기	돌
	穴 부의 4획	
	宀 宀 空 空 空 突 突 突	

凍	얼	동
	冫 부의 8획	
	冫 冫 冂 洱 洱 冻 凍 凍	

銅	구리	동
	金 부의 6획	
	八 소 牟 金 釦 鈤 銅 銅	

鈍	무딜	둔
	金 부의 4획	
	八 소 牟 金 釤 釿 鈍 鈍	

모일	둔
屮 부의 1획	
一 ᅳ ᄃ 屯	

오를	등
馬 부의 10획	
月 胪 胪 胪 騰 騰 騰 騰	

그물, 비단	라
罒 부의 14획	
一 罒 罗 羅 羅 羅 羅 羅	

이을	락
糸 부의 6획	
ㄥ ㄠ 糸 糽 紋 終 絡 絡	

어지러울	란
乙 부의 12획	
一 ㄠ 竺 平 角 屑 屬 亂	

난초	란
艸 부의 17획	
一 广 广 門 門 蕑 蘭 蘭	

난간	란
木 부의 17획	
栏 栏 栏 栏 欄 欄 欄 欄	

살펴볼	람
見 부의 14획	
丨 臣 臣 胪 臨 臨 覽 覽	

넘칠	람
水 부의 14획	
氵 氵 沪 沪 渭 澧 濫 濫	

행랑	랑
广 부의 10획	
一 广 广 庐 庐 庐 廊 廊	

略	간략할	략					
	田 부의 6획						
	冂冂田旷旷畋略略						

掠	노략질할	략					
	扌 부의 8획						
	扌扌扩护护护掠						

梁	다리	량					
	木 부의 7획						
	氵氻沏沏沙涩梁梁						

糧	양식	량					
	米 부의 12획						
	丷丷米米料糧糧糧						

諒	믿을	량					
	言 부의 8획						
	言言言言訪詝諒						

麗	고울	려					
	鹿 부의 8획						
	一厂厂严严麗麗麗						

慮	생각할	려					
	心 부의 11획						
	广广庐虎虎虜慮慮						

勵	권할	려					
	力 부의 15획						
	一厂厍厔厣厲勵勵						

曆	책력	력					
	日 부의 12획						
	厂厂厈厈厤曆曆曆						

鍊	단련할	련					
	金 부의 9획						
	스牟金釗鈩鈩鍊鍊						

憐	불쌍히여길 련					
	心 부의 12획					
	`⺖ ⺖ ⺖ 忄 忄 忄 憐`					

聯	잇닿을 련					
	耳 부의 11획					
	`丁 王 耳 耳 聪 聯 聯 聯`					

戀	사모할 련					
	心 부의 19획					
	`幺 糸 紿 縞 緯 戀 戀 戀`					

蓮	연꽃 련					
	艸 부의 11획					
	`⺾ ⺾ 萨 萨 䓓 董 蓮 蓮`					

裂	흩어질 렬					
	衣 부의 6획					
	`丆 歹 歹 列 列 裂 裂 裂`					

劣	못할 렬					
	力 부의 4획					
	`⺌ ⺌ 少 少 劣 劣`					

廉	청렴할 렴					
	广 부의 10획					
	`宀 广 广 庐 庐 庸 廉 廉`					

獵	사냥 렵					
	犭 부의 15획					
	`犭 犷 猎 獵 獵 獵 獵 獵`					

零	떨어질 령					
	雨 부의 5획					
	`宀 雨 雨 雪 零 零 零 零`					

靈	신령 령					
	雨 부의 16획					
	`干 雨 霝 霝 霝 霝 靈 靈`					

嶺 고개 **령**
山 부의 14획
山 山 山 山 嶺 嶺 嶺 嶺

隸 종 **례**
隶 부의 8획
士 丰 寺 計 計 隷 隸 隸

爐 화로 **로**
火 부의 16획
火 炉 炉 炉 爐 爐 爐 爐

祿 녹 **록**
示 부의 8획
二 千 示 示 禄 禄 禄 祿

錄 기록할 **록**
金 부의 8획
스 牟 金 釒 釖 鈩 錄 錄

鹿 사슴 **록**
鹿 부의 0획
亠 广 庐 庐 鹿 鹿 鹿 鹿

弄 희롱할 **롱**
廾 부의 4획
一 ㄒ 王 王 丟 弄 弄

雷 우레 **뢰**
雨 부의 5획
一 戶 爾 雷 雷 雷 雷 雷

賴 의지할 **뢰**
貝 부의 9획
宀 宁 東 束 剌 剌 賴 賴

了 마칠 **료**
亅 부의 1획
了 了

	僚	동료	료
		人 부의 12획
		イ イ ゲ ゲ 侊 侉 僚 僚

	龍	용	룡
		龍 부의 0획
		ㄱ ㄴ 育 育 肯 龍 龍 龍

	屢	자주	루
		尸 부의 11획
		ㄱ �尸 尸 居 屋 屢 屢 屢

	樓	다락	루
		木 부의 11획
		木 杆 押 楔 棍 樓 樓 樓

	累	여러	루
		糸 부의 5획
		ㄱ 口 田 田 里 累 累 累

	淚	눈물	루
		水 부의 8획
		氵 汀 汀 沪 沪 浜 淚 淚

	漏	샐	루
		水 부의 11획
		氵 汀 汩 沪 沪 漏 漏 漏

	類	무리	류
		頁 부의 10획
		ㄴ ㅄ 米 米 米 米 類 類

	輪	바퀴	륜
		車 부의 8획
		ㄱ 亘 亘 車 軒 軩 輪 輪

	栗	밤	률
		木 부의 6획
		ㄱ 丆 兀 西 西 栗 栗 栗

率	비율 률 거느릴 솔
	玄 부의 6획
	一 十 玄 玄 玄 玄 率 率
隆	높을 릉
	阜 부의 9획
	⼁ 阝 阽 阽 阽 降 降 隆
陵	큰언덕 릉
	阜 부의 8획
	⼁ 阝 阝 阼 阼 陟 陵 陵
吏	관리 리
	口 부의 3획
	一 ㄱ 亘 吏 吏
離	떠날 리
	隹 부의 11획
	亠 亣 离 离 离 离 離 離
裏	속 리
	衣 부의 7획
	一 宀 亩 車 重 裏 裏 裏
履	밟을 리
	尸 부의 12획
	一 尸 尸 尸 屈 屈 履 履
梨	배나무 리
	木 부의 7획
	一 千 禾 利 利 利 梨 梨
隣	이웃 린
	阜 부의 12획
	⼁ 阝 阽 阽 陼 隣 隣 隣
臨	임할 림
	臣 부의 11획
	一 �331 臣 臣 臥 臨 臨 臨

| 麻 | 삼 | 마 |
| 麻 부의 0획 |
| 一 广 广 广 床 床 麻 麻 |

| 磨 | 갈 | 마 |
| 石 부의 11획 |
| 一 广 广 床 床 床 磨 磨 |

| 幕 | 장막 | 막 |
| 巾 부의 11획 |
| ` 十 艹 苔 草 莫 幕 幕 |

| 漠 | 아득할 | 막 |
| 水 부의 11획 |
| ` 十 艹 艹 苔 草 莫 莫 |

| 慢 | 게으를 | 만 |
| 心 부의 11획 |
| 忄 忄 忄 怛 怛 怛 慢 慢 |

| 漫 | 질펀할 | 만 |
| 水 부의 11획 |
| 氵 沪 涓 涓 渭 渭 漫 漫 |

| 茫 | 아득할 | 망 |
| 艸 부의 6획 |
| ` 十 艹 艹 艿 茳 茫 茫 |

| 妄 | 망령 | 망 |
| 女 부의 3획 |
| ` 亠 亡 宇 妄 妄 |

| 罔 | 없을 | 망 |
| 皿(网) 부의 3획 |
| 丨 冂 冂 冈 冈 罔 罔 |

| 媒 | 중매 | 매 |
| 女 부의 9획 |
| 乚 女 女 奵 娃 媒 媒 媒 |

梅	매화	매					
	木 부의 7획						
	一 十 才 杧 枚 栫 栫 梅						
埋	묻을	매					
	土 부의 7획						
	一 十 耂 圹 圻 埕 埋 埋						
脈	혈관	맥					
	肉 부의 6획						
	) 刀 月 肝 肝 脈 脈 脈						
孟	맏	맹					
	子 부의 5획						
	一 了 孑 子 舌 舌 孟 孟						
盲	소경	맹					
	目 부의 3획						
	一 一 亡 广 盲 盲 盲						
猛	사나울	맹					
	犬 부의 8획						
	丿 犭 犭 犷 犷 猛 猛 猛						
盟	맹세할	맹					
	皿 부의 8획						
	冂 日 明 明 明 明 盟 盟						
綿	솜	면					
	糸 부의 8획						
	幺 幺 糸 糸 紅 綿 綿 綿						
滅	멸망할	멸					
	水 부의 10획						
	氵 氵 汇 汇 沪 沪 減 滅						
銘	새길	명					
	金 부의 6획						
	스 仝 牟 金 釒 釢 銘 銘						

| 冥 | 어두울 | 명 |
| 一 부의 8획 |
| 冖 冖 冃 冃 冒 冝 冥 冥 |

| 募 | 모을 | 모 |
| 力 부의 11획 |
| 丶 艹 艹 莫 莫 募 募 |

| 某 | 아무 | 모 |
| 木 부의 5획 |
| 一 卄 卄 甘 甘 某 某 某 |

| 謀 | 꾀할 | 모 |
| 言 부의 9획 |
| 言 言 言 計 評 誹 謀 謀 |

| 模 | 본뜰 | 모 |
| 木 부의 11획 |
| 木 朴 栌 棤 椹 模 模 |

| 貌 | 모양 | 모 |
| 豸 부의 7획 |
| 丶 丶 丬 豸 豸 豸 豹 豹 貌 |

| 慕 | 사모할 | 모 |
| 心 부의 11획 |
| 丶 艹 艹 艹 莫 莫 莫 慕 |

| 侮 | 업신여길 | 모 |
| 人 부의 7획 |
| 丿 亻 亻 侓 佐 侮 侮 侮 |

| 冒 | 무릅쓸 | 모 |
| 冂 부의 7획 |
| 丨 冂 曰 冒 冒 冒 冒 |

| 牧 | 다스릴 | 목 |
| 牛 부의 4획 |
| 丿 丶 牛 牛 牜 牧 牧 |

	화목할	목

睦 目 부의 8획

川 月 目 目 昭 晖 睦 睦

	빠질	몰

沒 水 부의 4획

ヽ 冫 氵 氵 沪 汐 沒

	꿈	몽

夢 夕 부의 11획

ヽ 十 节 芷 昔 芦 夢 夢

	어릴	몽

蒙 艸 부의 10획

ヽ 十 芷 昔 苧 夢 蒙

	싹	묘

苗 艸 부의 5획

ヽ 一 十 扩 苧 芮 苗 苗

	사당	묘

廟 广 부의 12획

ヽ 二 广 庐 庐 庐 廟 廟

	무덤	묘

墓 土 부의 11획

ヽ 十 节 节 苴 莫 莫 墓

	무역할	무

貿 貝 부의 5획

ヽ ト ロ 幼 卯 留 貿 貿

	안개	무

霧 雨 부의 11획

ー 币 币 霏 霏 霧 霧

	조용할	묵

默 黑 부의 4획

川 口 甲 里 黑 黑 默 默

127

작을	미
彳 부의 10획	
彳 彳 彳 彿 彿 微 微 微	

눈썹	미
目 부의 4획	
一 ㄱ ㄲ 尸 尸 戸 眉 眉	

미혹할	미
辶 부의 6획	
丷 丷 丷 半 米 米 迷 迷	

민첩할	민
攴 부의 7획	
一 亡 百 句 每 每 敏 敏 敏	

민망할	민
心 부의 12획	
丶 忄 忄 忄 忄 憫 憫 憫	

꿀	밀
虫 부의 8획	
宀 宀 宀 宓 宓 宻 蜜 蜜	

머무를	박
水 부의 5획	
丶 氵 氵 汋 泊 泊 泊	

넓을	박
十 부의 10획	
十 忄 忄 悑 博 博 博	

칠	박
手 부의 5획	
一 十 扌 扩 扩 拍 拍 拍	

엷을	박
艸 부의 13획	
丶 艹 艹 芦 蒲 蒲 薄 薄	

迫	핍박할	박					
	辶 부의 5획						
	´ ´ ´ 白 白 白 迫 迫						

般	돌, 일반	반					
	舟 부의 4획						
	´ 力 月 舟 舟 舟 般 般						

盤	쟁반	반					
	皿 부의 10획						
	力 月 舟 舟 般 般 盤 盤						

班	나눌	반					
	玉 부의 6획						
	一 T F 王 王 到 珏 班						

返	돌아올	반					
	辶 부의 4획						
	一 厂 厅 反 反 返 返 返						

叛	배반할	반					
	又 부의 7획						
	` ´ ヽ 半 半 扩 叛 叛						

伴	짝	반					
	人 부의 5획						
	´ イ ｲ ｲ ｲ 伴 伴						

髮	머리카락	발					
	髟 부의 5획						
	丨 F 镸 髟 髟 髣 髮 髮						

拔	뽑을	발					
	扌 부의 5획						
	一 十 扌 扌 扩 扷 拔 拔						

倣	본뜰	방					
	人 부의 8획						
	ｲ ｲ ｲ 仿 仿 伤 倣 倣						

芳	꽃다울	방				
	艹 부의 4획					
	一 亠 艹 艹 艹 芳 芳					

傍	곁	방				
	人 부의 10획					
	亻 亻 伫 佗 佗 傍 傍					

妨	방해할	방				
	女 부의 4획					
	乚 乚 女 女 妒 妨 妨					

邦	나라	방				
	邑 부의 4획					
	一 二 三 丰 丰 邦 邦					

培	북돋울	배				
	土 부의 8획					
	土 圹 圹 垆 垆 培 培					

倍	갑절	배				
	人 부의 8획					
	亻 亻 佗 倅 倅 倍 倍					

輩	무리	배				
	車 부의 8획					
	丨 非 非 非 蜚 輩 輩					

配	짝	배				
	酉 부의 3획					
	一 丆 丙 酉 酉 配 配					

排	물리칠	배				
	手 부의 8획					
	扌 扌 扗 扗 扗 排 排					

背	등질	배				
	肉 부의 5획					
	一 寸 寸 北 北 背 背					

130

伯 맏 **백**
人 부의 5획
丿 亻 亻 亻 伯 伯 伯

煩 번거로울 **번**
火 부의 9획
丶 丷 火 灯 灯 炡 煩 煩

飜 뒤집어질 **번**
飛 부의 12획
口 番 番 番 番 飜 飜 飜

繁 번성할 **번**
糸 부의 11획
丶 亠 叴 每 敏 繁 繁 繁

罰 벌 **벌**
网 부의 9획
丁 罒 罒 罰 罰 罰 罰 罰

犯 범할 **범**
犬 부의 2획
丿 丬 犭 犭 犯

範 모범 **범**
竹 부의 9획
ᄼ 竹 笐 笐 筲 節 範 範

壁 벽 **벽**
土 부의 13획
コ 尸 吕 吕 辟 辟 壁 壁

碧 푸를 **벽**
石 부의 9획
ᅮ 王 珀 珀 珀 碧 碧 碧

辨 분별할 **변**
辛 부의 9획
丶 亠 立 辛 郑 辨 辨 辨

			말잘할	변
			辛 부의 14획	
			가, 변방	변
			辶 부의 15획	
			나란히	병
			立 부의 5획	
			병풍	병
			尸 부의 8획	
			도울	보
			衣 부의 7획	
			보배	보
			宀 부의 17획	
			넓을	보
			日 부의 8획	
			족보	보
			言 부의 12획	
			겹칠	복
			衣 부의 9획	
			점칠	복
			卜 부의 1획	

腹

배 복
肉 부의 9획
刂 月 戶 厈 腚 腹 腹 腹

覆

엎어질, 덮을 복
西(襾) 부의 12획
彐 襾 覀 覈 覆 覆 覆

蜂

벌 봉
虫 부의 7획
丶 口 中 虫 虾 蚁 蜂 蜂

鳳

새 봉
鳥 부의 3획
丿 几 凡 凤 凤 凰 鳳 鳳

峯

봉우리 봉
山 부의 7획
丶 屮 屮 屵 夆 夆 峯 峯

封

봉할 봉
寸 부의 6획
一 十 土 丰 圭 丰 封 封

符

부호 부
竹 부의 5획
丿 ⺮ ⺮ ⺮ 符 符 符 符

簿

문서 부
竹 부의 13획
丶 ⺮ ⺮ ⺮ 笛 篖 簿 簿

赴

다다를 부
走 부의 2획
十 土 キ キ 走 走 赴 赴

賦

세금거둘 부
貝 부의 8획
刀 貝 貝 貯 貯 貯 賦 賦

133

付	줄, 부탁	부					
	人 부의 3획						
	ノ イ 仁 付 付						

附	붙을	부					
	阜 부의 5획						
	' 阝 阝 阝 阡 附 附 附						

府	관청	부					
	广 부의 5획						
	' 一 广 广 广 庐 府 府						

腐	썩을	부					
	肉 부의 8획						
	一 广 广 府 府 腐 腐 腐						

負	질	부					
	貝 부의 2획						
	' ク 午 台 自 負 負 負						

副	버금	부					
	刀 부의 9획						
	一 戸 戸 畐 畐 副 副						

紛	어지러울	분					
	糸 부의 4획						
	' 幺 幺 糸 糸 糸 紛 紛						

奮	떨칠	분					
	大 부의 13획						
	一 大 大 本 奞 奮 奮 奮						

奔	달아날	분					
	大 부의 6획						
	一 ナ 大 本 夲 夲 奔 奔						

墳	무덤	분					
	土 부의 12획						
	土 圵 圹 圹 堉 墳 墳 墳						

粉	가루	분
	米 부의 4획	
	丶 丷 宀 米 米 粉 粉 粉	

憤	성낼	분
	心 부의 12획	
	丶 忄 忄 忤 忰 愔 愔 憤	

拂	떨칠	불
	手 부의 5획	
	一 寸 扌 扫 扫 拐 拂 拂	

崩	무너질	붕
	山 부의 8획	
	丶 屮 屵 屵 岸 岸 崩 崩	

卑	낮을	비
	十 부의 6획	
	丶 宀 宀 白 由 卑 卑	

妃	왕비	비
	女 부의 3획	
	乚 乊 女 妃 妃 妃	

批	비평할	비
	手 부의 4획	
	一 寸 扌 扌 打 扙 批	

肥	살찔	비
	肉 부의 4획	
	丿 刀 月 月 肝 肥 肥 肥	

碑	비석	비
	石 부의 8획	
	丁 石 石' 矿 碑 碑 碑 碑	

祕	숨길	비
	示 부의 5획	
	二 千 齐 齐 礼 秘 秘 祕	

婢 계집종 비
女 부의 8획
ㄑ 女 女 奴 奵 姫 婢 婢

費 소비할 비
貝 부의 5획
一 二 弓 弗 弗 弗 費 費

賓 손 빈
貝 부의 7획
丶 宀 宀 宁 宵 窨 賓 賓

頻 자주 빈
頁 부의 7획
丶 止 牛 步 步 頻 頻 頻

聘 부를 빙
耳 부의 7획
ㄇ ㅏ ㅌ 耳 耵 耵 聘 聘

似 비슷할 사
人 부의 5획
ノ 亻 亻 似 似 似

捨 버릴 사
手 부의 8획
� 扌 护 扐 捨 捨 捨

斯 어조사 사
斤 부의 8획
一 廿 甘 甘 其 斯 斯 斯

沙 모래 사
水 부의 4획
丶 冫 氵 沪 沙 沙 沙

蛇 뱀 사
虫 부의 5획
丶 口 中 虫 虫 蚝 蛇 蛇

詐	속일　　　　사					
	言 부의 5획					
	丶 亠 言 言 言 訓 訐 詐					

詞	글　　　　사					
	言 부의 5획					
	丶 亠 言 言 言 訂 詞 詞					

賜	하사할　　　사					
	貝 부의 8획					
	刀 日 貝 貝 貯 貯 賜 賜					

寫	베낄　　　　사					
	宀 부의 12획					
	宀 宀 宀 宁 宁 宕 寫 寫					

辭	말　　　　사					
	辛 부의 12획					
	亠 夭 舌 舌 盲 劏 辭 辭					

邪	간사할　　　사					
	邑 부의 4획					
	一 工 牙 牙 邪 邪 邪					

査	조사할　　　사					
	木 부의 5획					
	一 十 木 木 杏 杳 査 査					

斜	비낄　　　　사					
	斗 부의 7획					
	人 人 스 수 余 余 斜 斜					

司	맡을　　　　사					
	口 부의 2획					
	一 ᄀ ᄀ 司 司					

社	모일　　　　사					
	示 부의 3획					
	一 亠 千 亣 示 社 社					

祀	제사	사					
	示 부의 3획						
	´ ㇐ 亓 示 示 袒 祀						

削	깎을	삭					
	刀 부의 7획						
	⎢ ⎢ ⎢ 屵 肖 肖 削 削						

朔	초하루	삭					
	月 부의 6획						
	´ 亠 屵 屵 並 朔 朔 朔						

嘗	맛볼	상					
	口 부의 11획						
	´ ⺍ 丗 丗 尚 尚 嘗 嘗						

裳	치마	상					
	衣 부의 8획						
	´ ⺍ 丗 尚 尚 尚 尚 裳						

詳	자세할	상					
	言 부의 6획						
	亠 丶 言 言 詳 詳 詳 詳						

祥	상서로울	상					
	示 부의 6획						
	亠 亓 示 示 祀 祥 祥 祥						

床	마루	상					
	广 부의 4획						
	丶 亠 广 广 床 床 床						

象	코끼리	상					
	豕 부의 5획						
	⺈ ⺈ 台 台 台 免 象 象						

像	형상	상					
	人 부의 12획						
	亻 俛 俛 侉 侉 像 像 像						

桑	뽕나무　　　상
狀	형상 상 문서 장
償	갚을　　　상
雙	쌍　　　쌍
塞	변방 새 막힐 색
索	찾을　　　색
敍	베풀　　　서
徐	천천히　　　서
庶	무리　　　서
恕	용서할　　　서

署	관청	서
緒	실마리	서
誓	맹세할	서
逝	갈	서
析	가를	석
釋	풀	석
宣	베풀	선
旋	돌	선
禪	참선	선
涉	건널	섭

관청   서
罒 부의 9획

실마리   서
糸 부의 9획

맹세할   서
言 부의 7획

갈   서
辶 부의 7획

가를   석
木 부의 4획

풀   석
釆 부의 13획

베풀   선
宀 부의 6획

돌   선
方 부의 7획

참선   선
示 부의 12획

건널   섭
水 부의 7획

攝	당길	섭
召	부를	소
昭	밝을	소
蘇	깨어날	소
騷	시끄러울	소
燒	불사를	소
訴	하소연할	소
掃	쓸	소
疏	소통할	소
蔬	나물	소

당길 섭
扌 부의 18획
扌 扩 揖 揖 揖 攝

부를 소
口 부의 2획
フ刀召召召

밝을 소
日 부의 5획
日 日 日 日 日 昭 昭 昭

깨어날 소
艸 부의 16획
丶 艹 芇 蔚 蘇 蘇 蘇

시끄러울 소
馬 부의 10획
丨 爪 馬 馬 馬 騷 騷 騷

불사를 소
火 부의 12획
丶 火 炉 炉 烷 烧 燒

하소연할 소
言 부의 5획
丶 言 言 訶 訴 訴 訴

쓸 소
扌 부의 8획
扌 扌 扩 拃 护 掃 掃

소통할 소
疋 부의 7획
丆 丆 丆 丆 疏 疏 疏

나물 소
艸 부의 11획
丶 艹 芇 蔬 蔬 蔬 蔬

141

束 묶을　속
木 부의 3획
一 ㄱ ㄱ 白 束 束 束

粟 조　속
米 부의 6획
一 ㄱ 兩 兩 栗 栗 粟 粟

屬 무리 속 부탁할 촉
尸 부의 18획
尸 尸 屌 屌 區 屬 屬 屬

損 덜　손
扌 부의 10획
扌 扌 扩 扩 扩 捐 捐 損

頌 칭송할　송
頁 부의 4획
ハ 公 公 公 纫 頌 頌 頌

訟 송사할　송
言 부의 4획
ㅗ ㅎ 言 言 言 訟 訟 訟

誦 욀　송
言 부의 7획
ㅗ ㅎ 言 訂 訂 誦 誦 誦

刷 인쇄　쇄
刀 부의 6획
ㄱ ㄱ P P 吊 吊 刷 刷

鎖 쇠사슬　쇄
金 부의 10획
ㅅ 金 金 釒 釤 鋇 鎖 鎖

衰 쇠할　쇠
衣 부의 4획
ㅗ 古 甫 畜 声 声 衰 衰

囚	가둘 囚
睡	□ 부의 2획 ㅣ 冂 冈 囚 囚
遂	잠잘 睡
	目 부의 8획 ⺆ 目 盯 卧 卧 晔 睡 睡
輸	드디어 遂
	⻌ 부의 9획 ⼋ ⼂ ⺈ 㒸 㒸 㒸 㒸 遂
帥	보낼 輸
	車 부의 9획 ⺆ 日 車 軻 幹 輪 幹 幹 輸
殊	장수 帥
	巾 부의 6획 ⼂ ⼂ ⼂ 肖 肖 帥 帥
隨	뛰어날 殊
	歹 부의 6획 ⼀ 丆 歹 殀 死 殊 殊 殊
獸	따를 隨
	阜 부의 13획 ⻖ 阝 阝 阝 阼 陪 隋 隨 隨
需	짐승 獸
	犬 부의 15획 丷 ⺍ 門 門 單 單 獸 獸 獸
垂	구할 需
	雨 부의 6획 ⼀ 丆 币 雨 雨 零 需 需
	드리울 垂
	土 부의 5획 ⼂ 二 千 禾 垂 垂 垂 垂

143

搜	찾을	수
熟		手 부의 10획
	扌 扌 扌 扌 扨 搜 搜	

누구	숙
	子 부의 8획
亠 古 亨 享 享 孰 孰	

익을	숙
	火 부의 11획
亠 古 亨 享 孰 孰 孰 熟	

엄숙할	숙
	聿 부의 7획
聿 肀 肀 肀 肃 肅 肅 肅	

돌	순
	彳 부의 9획
彳 彳 彳 彳 彳 循 循 循	

열흘	순
	日 부의 2획
勹 勺 旬 旬 旬 旬	

따라죽을	순
	歹 부의 6획
一 歹 歹 歹 殉 殉 殉 殉	

잠깐	순
	目 부의 12획
目 盯 盯 睁 瞬 瞬 瞬 瞬	

입술	순
	肉 부의 7획
一 厂 厂 戶 辰 辰 脣 脣	

순행할	순
	巛 부의 4획
巜 巛 巛 巛 巛 巡 巡 巡	

144

말할	술
辶 부의 5획	
一 十 オ 木 术 术 沭 述	

재주	술
行 부의 5획	
ノ ィ ィ 彳 犲 犲 犲 術 術	

젖을	습
水 부의 14획	
氵 沪 沪 沪 浬 濕 濕 濕	

엄습할	습
衣 부의 16획	
立 音 竒 龍 龍 龍 襲 襲	

오를	승
日 부의 4획	
丿 口 日 日 旦 尸 昇 昇	

중	승
人 부의 12획	
ィ ィ' 伫 伫 伫 伒 僧 僧	

화살	시
矢 부의 0획	
ノ 二 午 矢	

모실	시
人 부의 6획	
ノ ィ ィ 仕 佳 侍 侍 侍	

쉴	식
心 부의 6획	
ノ 冫 夕 自 自 息 息	

꾸밀	식
食 부의 5획	
ハ 夕 今 食 食 飣 飾 飾	

145

伸	펼	신					
	人 부의 5획						
	ノ イ 仁 仴 但 伸						

晨	새벽	신					
	日 부의 7획						
	⼀ 曰 严 严 晨 晨 晨						

愼	삼갈	신					
	心 부의 10획						
	⼀ 忄 忄 忄 愼 愼 愼 愼						

尋	찾을	심					
	寸 부의 9획						
	⼀ ⼆ ⼅ 尹 君 寻 尋 尋						

審	살필	심					
	宀 부의 12획						
	宀 宀 宍 宍 宲 審 審 審						

牙	어금니	아					
	牙 부의 0획						
	⼀ ⼆ 乎 牙						

芽	싹	아					
	艸 부의 4획						
	⼀ ⼗ 艹 艹 莽 莽 芽						

雅	맑을	아					
	隹 부의 4획						
	⼀ ⼆ 牙 牙 邪 邪 雅 雅						

亞	버금	아					
	二 부의 6획						
	⼀ ⼆ 亍 亓 亞 亞 亞 亞						

餓	굶을	아					
	食 부의 7획						
	⼈ 乍 乍 食 食 飠 餓 餓						

큰산 악				
山 부의 5획				
丿 亻 乍 乍 丘 乒 岳 岳				

언덕 안				
山 부의 5획				
丶 屮 屮 屵 屵 岸 岸				

기러기 안				
隹 부의 4획				
厂 厈 厍 雁 雁 雁				

뵐 알				
言 부의 9획				
亠 言 言 訂 評 謁 謁 謁				

누를 압				
土 부의 14획				
一 厂 厍 屑 屑 厭 厭 壓				

누를 압				
手 부의 5획				
一 扌 扌 扪 押 押 押				

가운데 앙				
大 부의 2획				
丶 冂 冂 央 央				

재앙 앙				
歹 부의 5획				
丁 歹 歹 列 殃 殃 殃				

물가 애				
水 부의 8획				
氵 汀 汈 涯 涯 涯 涯 涯				

재앙 액				
厂 부의 2획				
一 厂 厄 厄				

이마	액
頁 부의 9획	
宀 宁 安 客 客 額 額 額	

어조사	야
耳 부의 3획	
一 丁 F F E 耳 耶 耶	

뛸	약
足 부의 14획	
口 足 趵 趵 躍 躍 躍	

흙덩이	양
土 부의 17획	
土 圹 埻 瓆 壤 壤 壤	

모양	양
木 부의 11획	
木 栏 栏 栏 栏 樣 樣 樣	

버드나무	양
木 부의 9획	
木 术 杞 梍 梍 柯 楊	

모실	어
彳 부의 8획	
彳 彳 待 待 徉 徉 御 御	

누를	억
手 부의 4획	
一 十 扌 扌 扣 抑 抑	

어찌	언
火 부의 7획	
丁 下 正 正 焉 焉 焉	

줄	여
亅 부의 3획	
一 マ 予 予	

輿	수레　　　　여					
	車 부의 10획					
	｜ ｜ ｜ ｜ 厚 車 車 車 輿 輿					
譯	번역할　　　역					
	言 부의 13획					
	言 訁 詚 詚 譯 譯 譯 譯					
驛	정거장　　　역					
	馬 부의 13획					
	｜ ｜ 馬 馬 馬 馿 驛 驛					
役	부릴　　　　역					
	彳 부의 4획					
	｜ ｜ 彳 彳 役 役 役					
疫	전염병　　　역					
	疒 부의 4획					
	一 广 广 广 庁 疒 疫 疫					
域	지경　　　　역					
	土 부의 8획					
	｜ 圵 圵 圹 域 域 域 域					
宴	잔치　　　　연					
	宀 부의 7획					
	｜ 宀 宀 宁 宴 宴 宴 宴					
燕	제비　　　　연					
	火 부의 12획					
	一 廿 昔 苫 莊 莊 燕 燕					
沿	물따라내려갈 연					
	水 부의 5획					
	｜ ｜ 氵 氵 汃 汎 沿 沿					
燃	태울　　　　연					
	火 부의 12획					
	｜ 火 炒 炒 燃 燃 燃 燃					

펼	연
水 부의 11획	
氵氵氵沪沪浦浦演演	

납	연
金 부의 5획	
人 ㅅ ㅅ 全 全 釒 鈆 鉛 鉛	

끌	연
攵 부의 4획	
丿 亻 下 正 延 延 延	

연할	연
車 부의 4획	
一 亣 白 盲 車 軟 軟 軟	

인연	연
糸 부의 9획	
乡 糸 紆 紆 絆 絆 緣 緣	

지낼	열
門 부의 7획	
丨 尸 阼 門 閂 閂 間 閱	

물들일	염
木 부의 5획	
冫 冫 氵 汎 沈 染 染 染	

소금	염
鹵 부의 13획	
丨 臣 臣 監 監 監 鹽 鹽	

헤엄칠	영
水 부의 5획	
丶 冫 氵 氵 汀 汈 泳 泳	

읊을	영
言 부의 5획	
亠 言 言 言 討 訶 詠 詠	

| 營 | 경영할 | 영 |
| 火 부의 13획 |
| ` ` ` ` 炏 炏 炏 营 營 營 |

| 影 | 그림자 | 영 |
| 彡 부의 12획 |
| 冂 曰 昦 昦 县 景 景 影 |

| 映 | 밝을 | 영 |
| 日 부의 5획 |
| 刂 刂 日 日 旷 映 映 映 |

| 豫 | 미리 | 예 |
| 豕 부의 9획 |
| フ 予 予 豕 豫 豫 豫 豫 |

| 譽 | 기릴 | 예 |
| 言 부의 14획 |
| ʹ ʹ 钌 钌 锎 與 與 譽 |

| 銳 | 날카로울 | 예 |
| 金 부의 7획 |
| ㅅ ㅌ 숟 숲 釒 釾 鈗 銳 |

| 傲 | 거만할 | 오 |
| 人 부의 11획 |
| 亻 仹 仹 佬 俦 傲 傲 傲 |

| 汚 | 더러울 | 오 |
| 水 부의 3획 |
| ` ` ㅏ 氵 汗 汚 汚 |

| 嗚 | 슬플 | 오 |
| 口 부의 10획 |
| 口 叮 叮 咿 咿 嗚 嗚 嗚 |

| 娛 | 즐길 | 오 |
| 女 부의 7획 |
| 乚 女 女 奵 妞 妈 娛 娛 |

151

감옥	옥
犬 부의 10획

犭 犭 犭 犴 猚 猚 獄 獄

늙은이	옹
羽 부의 4획

ノ 八 公 公 谷 谷 翁 翁

안을	옹
手 부의 13획

扌 扩 扩 扩 捧 捧 擁

느릴	완
糸 부의 9획

幺 糸 糽 絅 絅 絯 絯 緩

두려워할	외
田 부의 4획

口 田 甲 甲 界 畏 畏

허리	요
肉 부의 9획

月 月 肝 胛 脛 脛 腰 腰

거닐	요
辶 부의 10획

⺈ 夕 乿 乺 备 备 謠 遙

흔들	요
手 부의 10획

扌 扌 扩 护 护 捽 搖

노래	요
言 부의 10획

言 言 訠 訠 謡 謡 謠 謠

욕심	욕
心 부의 11획

八 父 谷 谷 欲 欲 慾 慾

辱 욕될 **욕**
辰 부의 3획
一 厂 厂 戸 辰 辰 辱 辱

庸 떳떳할 **용**
广 부의 8획
一 亠 广 广 庐 庸 庸 庸

羽 깃 **우**
羽 부의 0획
丿 刁 习 羽 羽 羽

郵 우편 **우**
邑 부의 8획
一 二 干 壬 垂 垂 郵 郵

愚 어리석을 **우**
心 부의 9획
口 日 尸 昌 禺 禺 愚 愚

偶 짝 **우**
人 부의 9획
亻 亻 们 們 偶 偶 偶

優 뛰어날 **우**
人 부의 15획
亻 亻 伊 偓 偓 儍 優 優

韻 운 **운**
音 부의 10획
一 亠 音 音 韵 韵 韻 韻

援 도울 **원**
手 부의 9획
扌 扌 扩 护 挥 援 援

院 집 **원**
阜 부의 7획
阝 阝 阶 阼 陀 陀 院 院

관원	원
口 부의 7획	
' 口 口 尸 月 冒 員 員	

근원	원
水 부의 10획	
氵 氵 汇 汇 沥 沥 源 源	

넘을	월
走 부의 5획	
土 丰 丰 走 起 越 越 越	

씨	위
糸 부의 9획	
糸 糸 糸' 経 緯 緯 緯 緯	

위	위
肉 부의 5획	
' 口 口 田 田 胃 胃 胃	

이를	위
言 부의 9획	
' 言 言 訂 謂 謂 謂 謂	

어길	위
辶 부의 9획	
中 井 井 吾 韋 韋 違 違	

둘러쌀	위
口 부의 9획	
冂 門 門 周 周 圍 圍 圍	

위로할	위
心 부의 11획	
尸 尸 屌 屌 尉 尉 慰 慰	

거짓	위
人 부의 12획	
亻 亻 俨 俨 僞 僞 僞 僞	

衛	지킬	위
	行 부의 9획	
	亻 彳 彳 待 律 衛 衛 衛 衛	

委	맡길	위
	女 부의 5획	
	一 二 千 禾 禾 秀 委 委	

幽	그윽할	유
	幺 부의 6획	
	丨 丨 丝 纱 纱 絲 幽 幽	

惟	생각할	유
	心 부의 8획	
	丶 忄 忄 忄 忄 惟 惟 惟	

維	이을	유
	糸 부의 8획	
	乡 糸 糸 糸 絹 紆 紺 維	

乳	젖	유
	乙 부의 7획	
	丶 丶 ぐ 乭 乵 孚 乳 乳	

儒	선비	유
	人 부의 14획	
	亻 伫 侢 侢 儒 儒 儒 儒	

裕	넉넉할	유
	衣 부의 7획	
	礻 礻 礻 补 祄 裕 裕 裕	

誘	꾈	유
	言 부의 7획	
	丶 言 言 言 誩 誘 誘 誘	

愈	더욱	유
	心 부의 9획	
	人 스 슈 슈 俞 兪 兪 愈 愈	

155

悠	멀 유					
	心 부의 7획					
	イ 竹 悸 攸 攸 悠 悠					

閏	윤달 윤					
	門 부의 4획					
	丨 冂 冃 門 門 門 閏 閏					

潤	윤택할 윤					
	水 부의 12획					
	氵 氵 沪 渭 潤 潤 潤 潤					

隱	숨을 은					
	阜 부의 14획					
	阝 阝 阝 隆 隆 隱 隱					

淫	음란할 음					
	水 부의 8획					
	氵 氵 氵 疒 浮 浮 淫 淫					

凝	엉길 응					
	冫 부의 14획					
	冫 冫 疒 荡 凝 凝					

儀	거동 의					
	人 부의 13획					
	亻 亻 俨 俨 俸 儀 儀					

疑	의심할 의					
	疋 부의 9획					
	ㄴ 乚 匕 髣 疑 疑 疑 疑					

宜	마땅 의					
	宀 부의 5획					
	宀 宀 宀 宁 官 宜 宜					

夷	오랑캐 이					
	大 부의 3획					
	一 二 三 亖 夷 夷					

翼	날개	익				
	羽 부의 11획					
	⁊ ⁊ ⁊⁊ ⁊⁊⁊ 羽田 翼 翼 翼					

姻	시집갈	인				
	女 부의 6획					
	ㄑ ㄑ 女 如 如 姻 姻 姻					

逸	편안할	일				
	辶 부의 8획					
	⁊ ⁊⁊ ⁊⁊ 兔 兔 兔 逸 逸					

任	맡길	임				
	人 부의 4획					
	⁊ 亻 仁 仟 任 任					

賃	품삯	임				
	貝 부의 6획					
	亻 亻 仟 任 侼 賃 賃 賃					

刺	찌를	자				
	刀 부의 6획					
	⁻ ⁻ ⁻ 市 束 束 刺 刺					

紫	자줏빛	자				
	糸 부의 5획					
	⁻ 止 此 此 眦 紫 紫 紫					

資	재물	자				
	貝 부의 6획					
	⁻ ⁻ ⁻⁻ 次 次 資 資 資					

姿	맵시	자				
	女 부의 6획					
	⁻ ⁻ 汐 次 次 姿 姿 姿					

茲	흐릴	자				
	女 부의 5획					
	⁻ ⁻ 字 茲 茲 茲					

恣	방자할	자					
	心 부의 6획						
	` ` ` ` ` ` ` 次 次 恣 恣						

酌	따를	작					
	酉 부의 3획						
	一 丆 丙 酉 酉 酉 酌 酌						

爵	벼슬	작					
	爪 부의 14획						
	` ` ` ` 爫 爫 罗 罗 霥 霥 爵 爵						

殘	남을	잔					
	歹 부의 8획						
	一 歹 歹 歼 殘 殘 殘 殘						

潛	잠길	잠					
	水 부의 12획						
	氵 氵 氵 沐 澌 潛 潛 潛						

暫	잠깐	잠					
	日 부의 11획						
	一 亘 車 斬 斬 斬 斬 暫						

雜	섞일	잡					
	隹 부의 10획						
	一 ` 卒 奈 郑 新 新 雜						

張	베풀	장					
	弓 부의 8획						
	` ` 弓 引 張 張 張 張						

粧	단장할	장					
	米 부의 6획						
	` ` 半 米 粧 粧 粧 粧						

腸	창자	장					
	肉 부의 9획						
	刖 月 肝 朋 腸 腸 腸 腸						

莊	엄숙할	장
	艹 부의 7획	
	丶 艹 艹 莊 莊 莊 莊	

裝	꾸밀	장
	衣 부의 7획	
	丬 爿 爿 壯 壯 裝 裝 裝	

墻	담장	장
	土 부의 13획	
	扌 圹 圹 圹 墻 墻 墻	

障	막힐	장
	阝 부의 11획	
	阝 阝 阝 阡 障 障 障 障	

藏	감출	장
	艹 부의 14획	
	艹 艹 莊 莊 莊 藏 藏 藏	

丈	어른	장
	一 부의 2획	
	一 ナ 丈	

掌	손바닥	장
	手 부의 8획	
	丷 ⺍ 严 骨 骨 骨 掌 掌	

葬	장사	장
	艹 부의 9획	
	艹 艹 葬 葬 葬 葬 葬 葬	

獎	장려할	장
	大 부의 11획	
	丬 爿 护 将 將 將 獎 獎	

帳	장막	장
	巾 부의 8획	
	丨 冂 巾 帄 帐 帐 帳 帳	

臟	내장	장
	肉 부의 18획	
	月 脏 脏 脏 脏 臟 臟 臟	

災	재앙	재
	火 부의 3획	
	⸌ ⸌⸌ ⸌⸌⸌ ⸌⸌⸌ ⸌⸌⸌ 災 災	

裁	마름질할	재
	衣 부의 6획	
	⼗ 土 圭 丰 表 表 裁 裁 裁	

載	실을	재
	車 부의 6획	
	⼗ 土 吉 亩 車 載 載 載	

宰	재상	재
	宀 부의 7획	
	宀 宀 宀 宇 空 宰 宰	

底	밑	저
	广 부의 5획	
	⼀ 广 广 庁 底 底 底	

抵	막을	저
	手 부의 5획	
	⼀ 扌 扌 护 护 抵 抵	

滴	물방울	적
	水 부의 11획	
	氵 氵 氵 沪 滴 滴 滴 滴	

摘	들추어낼	적
	手 부의 11획	
	扌 扩 护 掮 摘 摘 摘	

寂	고요할	적
	宀 부의 8획	
	宀 宀 宀 宇 宇 宋 寂 寂	

績	길쌈할	적
	糸 부의 11획	
	幺 糸 糸 紆 績 績 績 績	

賊	도둑	적
	貝 부의 6획	
	冂 目 貝 貯 財 賊 賊 賊	

跡	발자취	적
	足 부의 6획	
	足 足 足 足 趵 跡 跡 跡	

積	쌓을	적
	禾 부의 11획	
	二 禾 禾 秆 稍 積 積 積	

籍	문서	적
	竹 부의 14획	
	⺮ ⺮ 竺 箜 笋 籍 籍 籍	

專	오로지	전
	寸 부의 8획	
	一 戶 盲 車 車 重 專 專	

轉	구를	전
	車 부의 11획	
	車 車 軒 軯 轉 轉 轉 轉	

殿	큰집	전
	殳 부의 9획	
	𡱪 尸 屌 屌 屌 屐 殿 殿	

切	벨 절 온통	체
	刀 부의 2획	
	一 ナ 切 切	

折	꺾을	절
	手 부의 4획	
	一 ナ 才 扌 扩 折 折	

홈칠	절					
穴 부의 17획						

점칠	점					
卜 부의 3획						

점	점					
黑 부의 5획						

점차	점					
水 부의 11획						

나비	접					
虫 부의 9획						

정자	정					
亠 부의 7획						

바로잡을	정					
言 부의 2획						

조정	정					
廴 부의 4획						

한도, 길	정					
禾 부의 7획						

칠	정					
彳 부의 5획						

整	가지런할　정					
	攵 부의 12획					
	一 # 束 敕 敕 整 整 整					

提	끌　제					
	扌 부의 9획					
	扌 扌 扩 押 押 押 提					

堤	막을　제					
	土 부의 9획					
	十 扌 圹 圹 坦 垾 堤 堤					

制	억제할　제					
	刀 부의 6획					
	ノ ト 느 与 朱 制 制					

際	사귈　제					
	阜 부의 11획					
	阝 阝' 阝' 阝' 阝' 阝 際 際					

齊	다스릴　제					
	齊 부의 0획					
	亠 亣 亦 亦 亦 亦 齊					

濟	건널　제					
	水 부의 14획					
	氵 氵 氵 汴 浐 湾 濟 濟					

弔	조상할　조					
	弓 부의 1획					
	그 コ 弓 弔					

照	비출　조					
	火 부의 9획					
	丨 冂 日 昕 昭 昭 照					

租	세금　조					
	禾 부의 5획					
	二 千 禾 禾 利 利 租 租					

마를	조
火 부의 13획	
＇ 火 灯 灯 灯 燥 燥 燥	

잡을	조
手 부의 13획	
扌 扌 扩 押 押 操 操 操	

가지	조
木 부의 7획	
亻 亻 伫 伫 修 修 條 條	

조수	조
水 부의 12획	
氵 氵 浐 浐 泸 淖 潮 潮	

짤	조
糸 부의 5획	
＇ 幺 糸 糸 紅 紅 組 組	

못날	졸
手 부의 5획	
一 十 扌 扌 扝 扗 拙 拙	

세로	종
糸 부의 11획	
幺 幺 糸 糸 紒 紒 縱 縱	

도울	좌
人 부의 5획	
＇ 亻 仁 仕 佐 佐	

자리	좌
广 부의 7획	
＇ 广 广 庁 庒 座 座 座	

두루	주
口 부의 5획	
丨 冂 冂 月 月 周 周 周	

舟	배	주
	舟 부의 0획	
	´ ㇒ ㇉ 內 內 舟	

株	그루터기	주
	木 부의 6획	
	十 才 才 术 杧 株 株 株 株	

州	고을	주
	巛 부의 3획	
	㇔ ㇘ ㇘ 州 州 州	

洲	물가	주
	水 부의 6획	
	㇔ ㇒ ㇒ 汋 沙 洲 洲 洲	

柱	기둥	주
	木 부의 5획	
	一 十 才 札 杧 杧 柱 柱	

奏	아뢸	주
	人 부의 6획	
	三 声 夫 夫 妻 奏 奏	

珠	구슬	주
	玉 부의 6획	
	㇒ 二 干 王 王 珒 珒 珠	

鑄	쇠 부어 만들	주
	金 부의 14획	
	㇒ 金 鈐 鈐 鑄 鑄 鑄	

準	법도, 준할	준
	水 부의 10획	
	㇒ ㇘ 沪 沪 准 准 準 準	

俊	준걸할	준
	人 부의 7획	
	㇒ 伫 伫 伫 伫 俊 俊 俊	

| 遵 | 좇을 | 준 |
| 辶 부의 12획 |
| 八 公 台 台 台 尊 尊 遵 遵 |

| 仲 | 버금 | 중 |
| 人 부의 4획 |
| 丿 亻 亻 仆 仲 仲 |

| 憎 | 미울 | 증 |
| 心 부의 12획 |
| 丶 忄 忄 忄 忄 憎 憎 憎 |

| 贈 | 줄 | 증 |
| 貝 부의 12획 |
| 目 貝 貯 贮 贮 贈 贈 贈 |

| 症 | 병증세 | 증 |
| 疒 부의 5획 |
| 亠 广 广 疒 疒 疒 疒 症 |

| 蒸 | 찔 | 증 |
| 艸 부의 10획 |
| 丶 艹 艹 芬 茏 蒸 蒸 蒸 |

| 池 | 못 | 지 |
| 水 부의 3획 |
| 丶 氵 氵 汋 沖 池 |

| 誌 | 기록할 | 지 |
| 言 부의 7획 |
| 亠 言 計 計 誌 誌 誌 |

| 智 | 지혜 | 지 |
| 日 부의 8획 |
| 亠 느 矢 知 知 智 智 |

| 遲 | 더딜 | 지 |
| 辶 부의 12획 |
| 尸 尺 尸 屋 屋 屋 遲 遲 |

166

職	벼슬	직
	耳 부의 12획	
	丁 丁 耳 耳 聑 暗 職 職	

織	짤	직
	糸 부의 12획	
	纟 纟 糸 紵 締 繒 織 織	

振	떨칠	진
	扌 부의 7획	
	扌 扌 扩 扩 护 拒 拒 振	

鎮	진압할	진
	金 부의 10획	
	牟 金 釒 釒 銷 鋪 鏞 鎮	

陣	진칠	진
	阝 부의 7획	
	阝 阝 阡 阡 陌 陌 陌 陣	

陳	베풀	진
	阝 부의 8획	
	阝 阝 阡 阡 陌 陌 陣 陳	

珍	보배	진
	玉 부의 5획	
	一 丁 王 王 珍 玲 珍 珍	

震	진동할	진
	雨 부의 7획	
	一 戶 乘 乘 雳 震 震	

疾	병	질
	疒 부의 5획	
	一 广 广 疒 疒 疾 疾 疾	

姪	조카	질
	女 부의 6획	
	乁 女 女 妒 妒 妷 姪 姪	

167

차례	질
禾 부의 5획	
二 千 千 禾 利 秒 秩 秩	

부를	징
彳 부의 12획	
彳 彳 彳 彳 彳 徨 徵 徵	

징계할	징
心 부의 15획	
彳 彳 彳 徨 徵 徵 懲 懲	

어긋날	차
工 부의 7획	
丷 丷 丷 差 差 差 差 差	

섞일	착
金 부의 8획	
人 亼 金 金 鈩 錯 錯 錯	

잡을	착
手 부의 7획	
扌 扌 扩 护 护 护 捉 捉	

도울	찬
貝 부의 12획	
一 一 土 夫 夫 兟 贊 贊	

기릴	찬
言 부의 19획	
言 言 言 計 訃 讚 讚 讚	

슬플	참
心 부의 11획	
丷 忄 忄 忄 悈 悈 惨 惨	

부끄러울	참
心 부의 11획	
西 西 車 斬 斬 斬 慙 慙	

	비로소	창					
	刀 부의 10획						
	ノ ㇅ ㅗ ㅅ 令 刍 刍 刍刀						

	화창할	창					
	日 부의 10획						
	日 申 旷 昕 眃 眳 暢 暢						

	곳집	창					
	人 부의 8획						
	ノ 人 今 今 今 全 倉 倉						

	우거질, 푸를	창					
	艸 부의 10획						
	丶 十 艹 芢 苔 莟 莟 蒼						

	채색	채					
	彡 부의 8획						
	一 ㅛ ㅛ 采 采 采 彩 彩						

	빚	채					
	人 부의 11획						
	亻 亻 伫 倩 倩 債 債 債						

	꾀	책					
	竹 부의 6획						
	ノ ㅅ ㅆ 竺 竺 笁 策 策						

	물리칠	척					
	斤 부의 1획						
	ノ ㇀ 斤 斥 斥						

	넓힐	척					
	手 부의 5획						
	一 十 扌 扩 扩 拓 拓 拓						

	겨레	척					
	戈 부의 7획						
	ノ 厂 厈 戸 戻 戚 戚 戚						

薦 천거할　천

艸 부의 13획

丶 艹 芦 芦 芦 薦 薦 薦

賤 천할　천

貝 부의 8획

目 貝 貯 賎 賎 賎 賤 賤

踐 밟을　천

足 부의 8획

口 𧾷 𧾷 践 践 践 踐 踐

遷 옮길　천

辶 부의 11획

西 西 哂 哂 要 栗 罨 遷

哲 밝을　철

口 부의 7획

丶 十 才 扩 折 折 哲 哲

徹 통할　철

彳 부의 12획

彳 彳 𨗉 𨗉 徣 徹 徹 徹

尖 뾰족할　첨

小 부의 3획

丶 丷 小 少 尖 尖

添 더할　첨

水 부의 8획

氵 氵 氿 沃 添 添 添 添

妾 첩　첩

女 부의 5획

丶 亠 亠 立 辛 妾 妾

廳 관청　청

广 부의 22획

一 广 广 庐 庐 庐 廳 廳

替	바꿀 체
	日 부의 8획
	一 二 キ 夫 扶 扶 替 替 替

滯	막힐 체
	水 부의 11획
	氵 氵 沪 沪 洪 滯 滯 滯

逮	잡을 체
	⻌ 부의 8획
	フ ⺢ 聿 隶 隶 逮

遞	갈마들 체
	⻌ 부의 10획
	厂 广 庐 庐 庐 虒 遞 遞

肖	닮을 초
	肉 부의 3획
	丨 ⺍ ⺌ ⺍ 屵 肖 肖

抄	뽑을 초
	手 부의 4획
	一 十 扌 打 打 抄 抄

礎	주춧돌 초
	石 부의 13획
	厂 石 矿 礎 礎 礎 礎 礎

超	뛰어넘을 초
	走 부의 5획
	十 土 キ 丰 走 赶 起 超

秒	시간단위 초
	禾 부의 4획
	一 二 千 手 禾 利 秒 秒

促	재촉할 촉
	人 부의 7획
	亻 亻 亿 伊 伊 促 促

燭	촛불	촉
	火 부의 13획
	` ` 火 灯 灯 燭 燭 燭 燭

觸	닿을	촉
	角 부의 13획
	` 角 角 角 角 觸 觸 觸

銃	총	총
	金 부의 6획
	人 누 부 金 釒 銃 銃 銃

總	거느릴	총
	糸 부의 11획
	幺 糸 糸 紺 納 總 總 總

聰	귀밝을	총
	耳 부의 11획
	「 丆 耳 耴 耴 聰 聰 聰

催	재촉할	최
	人 부의 11획
	亻 亻 仁 俨 俨 俨 催 催

抽	뽑을	추
	手 부의 5획
	一 十 扌 扪 抽 抽 抽

醜	더러울	추
	酉 부의 10획
	丆 襾 酉 酌 酌 醜 醜 醜

逐	쫓을	축
	辶 부의 7획
	丆 丁 豕 豕 豕 逐 逐 逐

縮	오그라들	축
	糸 부의 11획
	幺 糸 糸 紵 紵 紵 縮 縮

172

	가축	축
田 부의 5획
一 ナ 玄 玄 吝 斉 斋 畜

	쌓일, 모을	축
艹 부의 10획
丶 艹 艹 苎 荖 菩 蓄 蓄

	쌓을	축
竹 부의 10획
ゞ 竹 竹 竹 筑 筑 築 築

	충돌할	충
行 부의 9획
｀ 彳 彳 徉 徸 衝 衝 衝

	냄새	취
自 부의 4획
冂 冃 白 自 臭 臭 臭 臭

	술취할	취
酉 부의 8획
一 丙 酉 酢 酔 酔 醉 醉

	향할, 풍취	취
走 부의 8획
土 未 走 赳 赳 趔 趣 趣

	곁	측
人 부의 9획
亻 仆 佪 側 側 側 側 側

	헤아릴	측
水 부의 9획
氵 汩 汩 泗 泗 泪 淉 測

	층	층
尸 부의 12획
一 尸 尸 屌 屌 屌 層 層

173

値	값	치
人 부의 8획		
亻 亻 广 佇 佇 佶 値 値		

置	둘	치
网 부의 8획		
罒 罒 罒 罒 罣 罜 置 置		

恥	부끄러울	치
心 부의 6획		
一 丁 丌 耳 耳 耳 恥 恥		

漆	옷칠할	칠
水 부의 11획		
氵 汁 汁 汰 泆 泆 漆 漆 漆		

侵	침범할	침
人 부의 7획		
亻 亻 亻 侭 侭 伲 侵 侵		

浸	잠길	침
水 부의 7획		
氵 汀 浔 浔 浔 浔 浸 浸		

寢	잠잘	침
宀 부의 11획		
宀 宀 宀 疒 疒 寢 寢 寢		

枕	베개	침
木 부의 4획		
一 十 才 木 朾 朾 枕		

沈	고요할	침
水 부의 4획		
丶 丶 氵 氵 汀 沈 沈		

稱	일컬을	칭
禾 부의 9획		
二 千 禾 利 秤 秤 秤 稱 稱		

妥	타당할	타					
	女 부의 4획						
	ノ ∠ ∠ 夕 妥 妥 妥						
墮	떨어질	타					
	阝 부의 12획						
	⻖ ⻖ 阡 阿 降 隋 隋 墮						
濁	흐릴	탁					
	水 부의 13획						
	氵 沪 浐 浐 泻 濁 濁 濁						
托	맡길	탁					
	扌 부의 3획						
	一 十 扌 扩 扦 托						
濯	씻을	탁					
	水 부의 14획						
	氵 氵 浐 浐 泙 泙 泙 濯						
卓	높을	탁					
	十 부의 6획						
	一 ├ 占 占 卓 卓						
炭	숯	탄					
	火 부의 5획						
	ʼ ⺊ 屵 屵 岸 炭 炭 炭						
歎	탄식할	탄					
	欠 부의 11획						
	一 廿 ᄒ 茣 堇 歎 歎 歎						
彈	탄알	탄					
	弓 부의 12획						
	ʼ ⼸ ⼸ 弭 弭 彈 彈 彈						
誕	태어날	탄					
	言 부의 7획						
	一 亖 言 訢 証 誕 誕						

빼앗을	탈
大 부의 11획	
一 ナ 六 木 本 奞 奪 奪	

탐낼	탐
貝 부의 4획	
丿 人 今 今 含 貪 貪	

탑	탑
土 부의 10획	
十 土 扩 圹 垯 搭 塔 塔	

끓일	탕
水 부의 9획	
氵 汀 沪 涃 浬 浬 湯 湯	

게으를	태
心 부의 5획	
厶 厶 台 台 台 怠 怠 怠	

위태로울	태
歹 부의 5획	
一 歹 歹 歼 殆 殆 殆 殆	

태도	태
心 부의 10획	
厶 台 台 育 能 能 態 態	

윤날	택
水 부의 13획	
氵 沪 浬 渭 渭 澤 澤	

가릴	택
手 부의 13획	
扌 扌 扩 押 押 擇 擇 擇	

칠	토
言 부의 3획	
二 言 言 言 言 計 討 討	

吐	토할	土		
	口 부의 3획			
	丨 丨 口 口 丨 吐 吐			
痛	아플	통		
	疒 부의 7획			
	亠 广 广 疒 疒 痞 痛 痛			
透	통할	투		
	辶 부의 7획			
	二 千 禾 秀 秀 秀 透 透			
鬪	싸울	투		
	鬥 부의 10획			
	丨 丨 门 鬥 鬥 鬥 鬭 鬪 鬪			
派	갈래	파		
	水 부의 6획			
	丶 氵 氵 沪 沪 派 派 派			
播	뿌릴	파		
	扌 부의 12획			
	扌 扌 扩 护 护 採 搐 播			
罷	파할	파		
	罒 부의 10획			
	一 四 四 罒 罘 罘 罷 罷			
頗	자못	파		
	頁 부의 5획			
	丿 广 广 皮 皮 頗 頗 頗			
把	잡을	파		
	扌 부의 4획			
	一 扌 扌 扌 扣 把			
販	팔	판		
	貝 부의 4획			
	丨 冂 目 貝 貝 貯 販 販			

板	널조각	판
	木 부의 4획	
	一 十 才 才 扩 板 板	

版	조각	판
	片 부의 4획	
	丿 爿 片 片 扩 版 版	

編	엮을	편
	糸 부의 9획	
	幺 糸 糸 糸 紵 絹 絹 編	

遍	두루	편
	辶 부의 9획	
	厂 尸 月 启 扁 扁 遍 遍	

偏	치우칠	편
	人 부의 9획	
	亻 亻 仃 伃 伃 偏 偏 偏	

評	평할	평
	言 부의 5획	
	亠 言 言 言 評 評 評 評	

肺	허파	폐
	肉 부의 4획	
	丿 门 月 月 扩 肝 肺 肺	

廢	폐할	폐
	广 부의 12획	
	广 广 庐 庐 庲 廖 廢 廢	

弊	폐단	폐
	廾 부의 12획	
	丶 丷 用 用 扮 敝 弊 弊	

幣	폐백	폐
	巾 부의 12획	
	丶 丷 用 用 扮 敝 幣 幣	

| 가릴 | 폐 |
| 艸 부의 12획 |
| 一 十 艹 莎 莎 菽 菽 蔽 |

| 쌀 | 포 |
| 勹 부의 3획 |
| 丿 勹 勺 勹 包 |

| 태보 | 포 |
| 肉 부의 5획 |
| 丿 刀 月 月 胙 胸 胞 胞 |

| 배부를 | 포 |
| 食 부의 5획 |
| 人 今 今 食 飣 飭 飽 飽 |

| 물가 | 포 |
| 水 부의 7획 |
| 氵 汀 沪 沪 消 浦 浦 |

| 잡을 | 포 |
| 手 부의 7획 |
| 扌 扌 扩 拊 捅 捅 捕 捕 |

| 터질 | 폭 |
| 火 부의 15획 |
| 火 灯 煟 煟 煤 爆 爆 爆 |

| 폭 | 폭 |
| 巾 부의 9획 |
| 丨 冂 巾 巾 帆 帽 幅 幅 |

| 표 | 표 |
| 示 부의 6획 |
| 一 一 两 西 覀 票 票 票 |

| 표할 | 표 |
| 木 부의 11획 |
| 木 术 栌 栖 標 標 標 標 |

179

漂	떠돌	표
	水 부의 11획	
	氵氵沪沪沪渭潭潭	

疲	피곤할	피
	疒 부의 5획	
	一广疒疒疒疒疲疲	

被	입을	피
	衣 부의 5획	
	礻礻礻衤衤衫衫被被	

避	피할	피
	辶 부의 13획	
	コ尸艮屛辟辟避避	

畢	마침	필
	田 부의 6획	
	口田田里里畢畢畢	

荷	멜	하
	艸 부의 7획	
	丷艹艹芢芢荷荷	

鶴	학	학
	鳥 부의 10획	
	一产产隺寉寉鶴鶴	

旱	가물	한
	日 부의 3획	
	丨冂曰早旱旱	

汗	땀	한
	水 부의 3획	
	丶汁氵汁汗	

割	벨	할
	刀 부의 10획	
	宀宀宝宝害害割割	

| 다 | 함 |
| 口 부의 6획 |
|) 厂 厂 后 咸 咸 咸 |

| 머금을 | 함 |
| 口 부의 4획 |
| ノ 人 今 今 含 含 |

| 빠질 | 함 |
| 阜 부의 8획 |
| 了 阝 阝 阽 阽 陷 陷 陷 |

| 거리 | 항 |
| 己 부의 6획 |
| 一 卄 卄 芏 共 共 恭 巷 |

| 항구 | 항 |
| 水 부의 9획 |
| 氵 氵 氵 汫 洪 洪 港 港 |

| 목덜미 | 항 |
| 頁 부의 3획 |
| 丆 工 玎 珂 項 項 項 項 |

| 대항할 | 항 |
| 手 부의 4획 |
| 一 扌 扌 扩 扩 抗 |

| 배 | 항 |
| 舟 부의 4획 |
| ノ 力 力 舟 舟 舟 航 航 |

| 종 | 해 |
| 人 부의 7획 |
| 一 宀 宀 四 買 至 奚 奚 |

| 갖출 | 해 |
| 言 부의 6획 |
| 一 宀 言 言 訒 該 該 該 |

核	씨	핵
	木 부의 6획	
	一 十 十 才 杧 杧 核 核	

響	울릴	향
	音 부의 13획	
	纟 纟 纱 绊 绊 絀 響 響	

享	누릴	향
	一 부의 6획	
	亠 亠 古 古 声 亨 享	

軒	추녀끝	헌
	車 부의 3획	
	一 亓 百 亘 車 軒 軒	

憲	법	헌
	心 부의 12획	
	宀 宁 宝 宪 宪 害 憲 憲	

獻	바칠	헌
	犬 부의 16획	
	广 庐 庐 虍 鬳 鬳 獻 獻	

險	험할	험
	阜 부의 13획	
	阝 阝 阶 阶 险 险 險	

驗	시험할	험
	馬 부의 13획	
	丨 冂 馬 馿 馿 驗 驗 驗	

懸	매달	현
	心 부의 16획	
	日 且 県 県 縣 縣 懸 懸	

顯	나타날	현
	頁 부의 14획	
	日 㬎 㬎 㬎 㬎 顯 顯 顯	

182

玄	검을	현
絃	악기줄	현
縣	고을	현
穴	굴	혈
嫌	싫어할	혐
脅	위협할	협
亨	형통할	형
螢	반딧불	형
衡	저울대	형
慧	지혜	혜

검을　　현
玄 부의 0획
丶 亠 玄 玄 玄

악기줄　　현
糸 부의 5획
纟 纟 糸 糸 紵 絃 絃 絃

고을　　현
糸 부의 10획
目 且 甲 県 県 縣 縣 縣

굴　　혈
穴 부의 0획
丶 宀 宀 穴 穴

싫어할　　혐
女 부의 10획
女 女 妒 妒 妒 娕 嫌 嫌

위협할　　협
肉 부의 6획
勹 夕 夛 夛 脅 脅 脅 脅

형통할　　형
亠 부의 5획
丶 亠 宀 古 亨 亨

반딧불　　형
虫 부의 10획
丷 丷 丷 炏 炏 螢 螢 螢

저울대　　형
行 부의 10획
彳 彳 彳 衖 衡 衡 衡

지혜　　혜
心 부의 11획
三 丰 耓 耤 彗 彗 慧 慧

| | 어조사 | 혜 |
| 八 부의 2획 |
| ノ 八 今 兮 |

| | 서로 | 호 |
| 二 부의 2획 |
| 一 丆 互 互 |

| | 오랑캐 | 호 |
| 肉 부의 5획 |
| 一 十 古 古 お 胡 胡 胡 |

| | 넓을 | 호 |
| 水 부의 7획 |
| シ シ 汁 汁 洪 浩 浩 |

| | 털 | 호 |
| 毛 부의 7획 |
| 一 卞 古 高 亭 毫 毫 毫 |

| | 호걸 | 호 |
| 豕 부의 7획 |
| 一 卞 古 高 亭 亭 豪 豪 |

| | 지킬 | 호 |
| 言 부의 14획 |
| 言 言 訝 討 討 護 護 護 |

| | 미혹할 | 혹 |
| 心 부의 8획 |
| 一 寸 豇 或 或 或 惑 惑 |

| | 어두울 | 혼 |
| 日 부의 4획 |
| 一 匸 氏 氏 氏 昏 昏 |

| | 넋 | 혼 |
| 鬼 부의 4획 |
| 二 云 动 动 魂 魂 魂 |

忽	문득 홀					
	心 부의 4획					
	` ´ ⼓ 勿 勿 忽 忽 忽					

洪	큰물, 넓을 홍					
	水 부의 6획					
	` ´ ⼓ 氵 汁 洪 洪 洪 洪					

弘	넓을 홍					
	弓 부의 2획					
	` ´ 弓 弘 弘					

鴻	기러기 홍					
	鳥 부의 6획					
	氵 汀 汇 沖 洰 鴻 鴻 鴻					

禾	벼 화					
	禾 부의 0획					
	` ´ 二 千 禾 禾					

禍	재앙 화					
	示 부의 9획					
	千 禾 初 袔 袔 禍 禍 禍					

確	굳을 확					
	石 부의 10획					
	丆 石 矿 矿 碓 碓 碓 確					

穫	거둘 확					
	禾 부의 14획					
	千 禾 秆 秆 秆 秤 穫 穫					

擴	넓힐 확					
	手 부의 15획					
	扌 扩 扩 护 擴 擴 擴					

還	돌아올 환					
	辶 부의 13획					
	⼀ 四 罒 罒 罘 罳 還 還					

둥글	환
丶 부의 2획	
丿 九 丸	

바꿀	환
手 부의 9획	
扌 扌 扩 护 按 挽 換 換	

고리	환
玉 부의 13획	
丁 王 玡 珒 珺 環 環 環	

하물며	황
水 부의 5획	
丶 冫 汀 汩 況	

거칠	황
艸 부의 6획	
丶 艹 艹 芒 芒 荒 荒	

뉘우칠	회
心 부의 7획	
忄 忄 忙 恒 悔 悔 悔	

품을	회
心 부의 16획	
忄 忄 忙 懔 懷 懷 懷	

얻을	획
犬 부의 14획	
犭 犷 狐 猎 猎 獲 獲 獲	

그을	획
刀 부의 12획	
ㄱ 聿 書 書 畵 畵 劃	

가로	횡
木 부의 12획	
木 杧 栌 桂 槤 横 横 横	

晓	새벽 曉					
	日 부의 12획					
	冂 日 日丨 日丨 日丿 瞱 瞱 曉					

侯	제후 侯					
	人 부의 7획					
	亻 亻 广 倅 倅 侯 侯					

候	조짐 候					
	人 부의 8획					
	亻 亻 仁 仁 佢 候 候					

毀	헐 毀					
	殳 부의 9획					
	亻 臼 臼 臼 臼 毀 毀 毀					

揮	휘두를 揮					
	手 부의 9획					
	扌 扌 扩 扩 捏 揮 揮					

輝	빛날 輝					
	車 부의 8획					
	丶 丿 ⺌ 光 扩 焰 煯 輝					

携	끌, 들 携					
	手 부의 10획					
	扌 扌 扌 扩 拌 推 携 携					

吸	마실 吸					
	口 부의 4획					
	丨 冂 口 叩 吵 吸 吸					

稀	드물 稀					
	禾 부의 7획					
	二 千 禾 利 秒 秒 稀 稀					

戲	희롱할 戲					
	戈 부의 13획					
	广 广 卢 虍 虐 虘 戲 戲					

부 록

자의(字義) 및 어의(語義)의 변화

1. 같은 뜻을 가진 글자로 이루어진 말 (類義結合語)

2. 반대의 뜻을 가진 글자로 이루어진 말 (反義結合語)

3. 서로 상반 되는 말 (相對語)

4. 같은 뜻과 비슷한 뜻을 가진 말 (同義語, 類義語)

5. 음은 같고 뜻이 다른 말 (同音異義語)

1. 같은 뜻을 가진 글자로 이루어진 말 (類義結合語)

歌(노래 가) – 謠(노래 요)　　附(붙을 부) – 屬(붙을 속)　　製(지을 제) – 作(지을 작)

家(집　가) – 屋(집　옥)　　扶(도울 부) – 助(도울 조)　　製(지을 제) – 造(지을 조)

覺(깨달을 각) – 悟(깨달을 오)　　墳(무덤 분) – 墓(무덤 묘)　　終(마칠 종) – 了(마칠 료)

間(사이 간) – 隔(사이뜰 격)　　批(비평할 비) – 評(평론할 평)　　住(살 주) – 居(살 거)

居(살　거) – 住(살　주)　　舍(집　사) – 宅(집　택)　　俊(뛰어날 준) – 秀(빼어날 수)

揭(높이들 게) – 揚(올릴 양)　　釋(풀　석) – 放(놓을 방)　　中(가운데 중) – 央(가운데 앙)

堅(굳을 견) – 固(굳을 고)　　選(가릴 선) – 擇(가릴 택)　　知(알　지) – 識(알　식)

雇(품팔 고) – 傭(품팔이 용)　　洗(씻을 세) – 濯(빨　탁)　　珍(보배 진) – 寶(보배 보)

攻(칠　공) – 擊(칠　격)　　樹(나무 수) – 木(나무 목)　　進(나아갈 진) – 就(나아갈 취)

恭(공손할 공) – 敬(공경할 경)　　始(처음 시) – 初(처음 초)　　質(물을 질) – 問(물을 문)

恐(두려울 공) – 怖(두려울 포)　　身(몸　신) – 體(몸　체)　　倉(곳집 창) – 庫(곳집 고)

空(빌　공) – 虛(빌　허)　　尋(찾을 심) – 訪(찾을 방)　　菜(나물 채) – 蔬(나물 소)

貢(바칠 공) – 獻(드릴 헌)　　哀(슬플 애) – 悼(슬퍼할 도)　　尺(자　척) – 度(자　도)

過(지날 과) – 去(갈　거)　　念(생각할 염) – 慮(생각할 려)　　淸(맑을 청) – 潔(깨끗할 결)

具(갖출 구) – 備(갖출 비)　　要(구할 요) – 求(구할 구)　　聽(들을 청) – 聞(들을 문)

飢(주릴 기) – 餓(주릴 아)　　憂(근심 우) – 愁(근심 수)　　淸(맑을 청) – 淨(맑을 정)

技(재주 기) – 藝(재주 예)　　怨(원망할 원) – 恨(한할 한)　　打(칠　타) – 擊(칠　격)

敦(도타울 돈) – 篤(도타울 독)　　隆(성할 융) – 盛(성할 성)　　討(칠　토) – 伐(칠　벌)

勉(힘쓸 면) – 勵(힘쓸 려)　　恩(은혜 은) – 惠(은혜 혜)　　鬪(싸움 투) – 爭(다툴 쟁)

滅(멸망할 멸) – 亡(망할 망)　　衣(옷　의) – 服(옷　복)　　畢(마칠 필) – 竟(마침내 경)

毛(털　모) – 髮(터럭 발)　　災(재앙 재) – 禍(재앙 화)　　寒(찰　한) – 冷(찰　냉)

茂(우거질 무) – 盛(성할 성)　　貯(쌓을 저) – 蓄(쌓을 축)　　恒(항상 항) – 常(항상 상)

返(돌이킬 반) – 還(돌아올 환)　　淨(깨끗할 정) – 潔(깨끗할 결)　　和(화할 화) – 睦(화목할 목)

法(법　법) – 典(법　전)　　精(정성 정) – 誠(정성 성)　　歡(기쁠 환) – 喜(기쁠 희)

皇(임금 황) – 帝(임금 제)　　希(바랄 희) – 望(바랄 망)

2. 반대의 뜻을 가진 글자로 이루어진 말 (反義結合語)

加(더할 가) ↔ 減(덜 감)　　來(올 래) ↔ 往(갈 왕)　　始(비로소 시) ↔ 終(마칠 종)

可(옳을 가) ↔ 否(아닐 부)　　冷(찰 랭) ↔ 溫(따뜻할 온)　　始(비로소 시) ↔ 末(끝 말)

干(방패 간) ↔ 戈(창 과)　　矛(창 모) ↔ 盾(방패 순)　　新(새 신) ↔ 舊(옛 구)

强(강할 강) ↔ 弱(약할 약)　　問(물을 문) ↔ 答(답할 답)　　伸(펼 신) ↔ 縮(오그라들 축)

開(열 개) ↔ 閉(닫을 폐)　　賣(팔 매) ↔ 買(살 매)　　深(깊을 심) ↔ 淺(얕을 천)

去(갈 거) ↔ 來(올 래)　　明(밝을 명) ↔ 暗(어두울 암)　　安(편안할 안) ↔ 危(위태할 위)

輕(가벼울 경) ↔ 重(무거울 중)　　美(아름다울 미) ↔ 醜(추할 추)　　愛(사랑 애) ↔ 憎(미워할 증)

慶(경사 경) ↔ 弔(조상할 조)　　腹(배 복) ↔ 背(등 배)　　哀(슬플 애) ↔ 歡(기뻐할 환)

經(날 경) ↔ 緯(씨 위)　　夫(지아비 부) ↔ 妻(아내 처)　　抑(누를 억) ↔ 揚(들날릴 양)

乾(하늘 건) ↔ 坤(땅 곤)　　浮(뜰 부) ↔ 沈(잠길 침)　　榮(영화 영) ↔ 辱(욕될 욕)

姑(시어미 고) ↔ 婦(며느리 부)　　貧(가난할 빈) ↔ 富(넉넉할 부)　　緩(느릴 완) ↔ 急(급할 급)

苦(괴로울 고) ↔ 樂(즐거울 락)　　死(죽을 사) ↔ 活(살 활)　　往(갈 왕) ↔ 復(돌아올 복)

高(높을 고) ↔ 低(낮을 저)　　盛(성할 성) ↔ 衰(쇠잔할 쇠)　　優(넉넉할 우) ↔ 劣(용렬할 렬)

功(공 공) ↔ 過(허물 과)　　成(이룰 성) ↔ 敗(패할 패)　　恩(은혜 은) ↔ 怨(원망할 원)

攻(칠 공) ↔ 防(막을 방)　　善(착할 선) ↔ 惡(악할 악)　　陰(그늘 음) ↔ 陽(볕 양)

近(가까울 근) ↔ 遠(멀 원)　　損(덜 손) ↔ 益(더할 익)　　離(떠날 리) ↔ 合(합할 합)

吉(길할 길) ↔ 凶(흉할 흉)　　送(보낼 송) ↔ 迎(맞을 영)　　隱(숨을 은) ↔ 現(나타날 현)

難(어려울 난) ↔ 易(쉬울 이)　　疎(드물 소) ↔ 密(빽빽할 밀)　　任(맡길 임) ↔ 免(면할 면)

濃(짙을 농) ↔ 淡(엷을 담)　　需(쓸 수) ↔ 給(줄 급)　　雌(암컷 자) ↔ 雄(수컷 웅)

斷(끊을 단) ↔ 續(이을 속)　　首(머리 수) ↔ 尾(꼬리 미)　　早(이를 조) ↔ 晩(늦을 만)

當(마땅 당) ↔ 落(떨어질 락)　　受(받을 수) ↔ 授(줄 수)　　朝(아침 조) ↔ 夕(저녁 석)

貸(빌릴 대) ↔ 借(빌려줄 차)　　昇(오를 승) ↔ 降(내릴 강)　　尊(높을 존) ↔ 卑(낮을 비)

得(얻을 득) ↔ 失(잃을 실)　　勝(이길 승) ↔ 敗(패할 패)　　主(주인 주) ↔ 從(따를 종)

眞(참 진) ↔ 僞(거짓 위)　　出(날 출) ↔ 納(들일 납)　　虛(빌 허) ↔ 實(열매 실)

增(더할 증) ↔ 減(덜 감)　　親(친할 친) ↔ 疎(성길 소)　　厚(두터울 후) ↔ 薄(엷을 박)

集(모을 집) ↔ 散(흩을 산)　　表(겉 표) ↔ 裏(속 리)　　喜(기쁠 희) ↔ 悲(슬플 비)

添(더할 첨) ↔ 削(깎을 삭)　　寒(찰 한) ↔ 暖(따뜻할 난)

淸(맑을 청) ↔ 濁(흐릴 탁)　　禍(재화 화) ↔ 福(복 복)

3. 서로 상반 되는 말 (相對語)

可決(가결) ↔ 否決(부결)	儉約(검약) ↔ 浪費(낭비)	急性(급성) ↔ 慢性(만성)
架空(가공) ↔ 實際(실제)	輕減(경감) ↔ 加重(가중)	急行(급행) ↔ 緩行(완행)
假象(가상) ↔ 實在(실재)	經度(경도) ↔ 緯度(위도)	肯定(긍정) ↔ 否定(부정)
加熱(가열) ↔ 冷却(냉각)	輕率(경솔) ↔ 愼重(신중)	旣決(기결) ↔ 未決(미결)
干涉(간섭) ↔ 放任(방임)	輕視(경시) ↔ 重視(중시)	奇拔(기발) ↔ 平凡(평범)
減少(감소) ↔ 增加(증가)	高雅(고아) ↔ 卑俗(비속)	飢餓(기아) ↔ 飽食(포식)
感情(감정) ↔ 理性(이성)	固定(고정) ↔ 流動(유동)	吉兆(길조) ↔ 凶兆(흉조)
剛健(강건) ↔ 柔弱(유약)	高調(고조) ↔ 低調(저조)	樂觀(낙관) ↔ 悲觀(비관)
强硬(강경) ↔ 柔和(유화)	供給(공급) ↔ 需要(수요)	落第(낙제) ↔ 及第(급제)
開放(개방) ↔ 閉鎖(폐쇄)	空想(공상) ↔ 現實(현실)	樂天(낙천) ↔ 厭世(염세)
個別(개별) ↔ 全體(전체)	過激(과격) ↔ 穩健(온건)	暖流(난류) ↔ 寒流(한류)
客觀(객관) ↔ 主觀(주관)	官尊(관존) ↔ 民卑(민비)	濫用(남용) ↔ 節約(절약)
客體(객체) ↔ 主體(주체)	光明(광명) ↔ 暗黑(암흑)	朗讀(낭독) ↔ 默讀(묵독)
巨大(거대) ↔ 微少(미소)	巧妙(교묘) ↔ 拙劣(졸렬)	內容(내용) ↔ 形式(형식)
巨富(거부) ↔ 極貧(극빈)	拘禁(구금) ↔ 釋放(석방)	老練(노련) ↔ 未熟(미숙)
拒絕(거절) ↔ 承諾(승락)	拘束(구속) ↔ 放免(방면)	濃厚(농후) ↔ 稀薄(희박)
建設(건설) ↔ 破壞(파괴)	求心(구심) ↔ 遠心(원심)	能動(능동) ↔ 被動(피동)
乾燥(건조) ↔ 濕潤(습윤)	屈服(굴복) ↔ 抵抗(저항)	多元(다원) ↔ 一元(일원)
傑作(걸작) ↔ 拙作(졸작)	權利(권리) ↔ 義務(의무)	單純(단순) ↔ 複雜(복잡)

單式(단식) ↔ 複式(복식)

短縮(단축) ↔ 延長(연장)

大乘(대승) ↔ 小乘(소승)

對話(대화) ↔ 獨白(독백)

都心(도심) ↔ 郊外(교외)

獨創(독창) ↔ 模倣(모방)

滅亡(멸망) ↔ 興隆(흥륭)

名譽(명예) ↔ 恥辱(치욕)

無能(무능) ↔ 有能(유능)

物質(물질) ↔ 精神(정신)

密集(밀집) ↔ 散在(산재)

反抗(반항) ↔ 服從(복종)

放心(방심) ↔ 操心(조심)

背恩(배은) ↔ 報恩(보은)

凡人(범인) ↔ 超人(초인)

別居(별거) ↔ 同居(동거)

保守(보수) ↔ 進步(진보)

本業(본업) ↔ 副業(부업)

富裕(부유) ↔ 貧窮(빈궁)

不實(부실) ↔ 充實(충실)

敷衍(부연) ↔ 省略(생략)

否認(부인) ↔ 是認(시인)

分析(분석) ↔ 綜合(종합)

紛爭(분쟁) ↔ 和解(화해)

不運(불운) ↔ 幸運(행운)

非番(비번) ↔ 當番(당번)

非凡(비범) ↔ 平凡(평범)

悲哀(비애) ↔ 歡喜(환희)

死後(사후) ↔ 生前(생전)

削減(삭감) ↔ 添加(첨가)

散文(산문) ↔ 韻文(운문)

相剋(상극) ↔ 相生(상생)

常例(상례) ↔ 特例(특례)

喪失(상실) ↔ 獲得(획득)

詳述(상술) ↔ 略述(약술)

生食(생식) ↔ 火食(화식)

先天(선천) ↔ 後天(후천)

成熟(성숙) ↔ 未熟(미숙)

消極(소극) ↔ 積極(적극)

所得(소득) ↔ 損失(손실)

疎遠(소원) ↔ 親近(친근)

淑女(숙녀) ↔ 紳士(신사)

順行(순행) ↔ 逆行(역행)

靈魂(영혼) ↔ 肉體(육체)

憂鬱(우울) ↔ 明朗(명랑)

連敗(연패) ↔ 連勝(연승)

偶然(우연) ↔ 必然(필연)

恩惠(은혜) ↔ 怨恨(원한)

依他(의타) ↔ 自立(자립)

人爲(인위) ↔ 自然(자연)

立體(입체) ↔ 平面(평면)

入港(입항) ↔ 出港(출항)

自動(자동) ↔ 手動(수동)

自律(자율) ↔ 他律(타율)

自意(자의) ↔ 他意(타의)

敵對(적대) ↔ 友好(우호)

絕對(절대) ↔ 相對(상대)

漸進(점진) ↔ 急進(급진)

靜肅(정숙) ↔ 騷亂(소란)

正午(정오) ↔ 子正(자정)

定着(정착) ↔ 漂流(표류)

弔客(조객) ↔ 賀客(하객)

直系(직계) ↔ 傍系(방계)

眞實(진실) ↔ 虛僞(허위)

質疑(질의) ↔ 應答(응답)

斬新(참신) ↔ 陳腐(진부)

縮小(축소) ↔ 擴大(확대)

快樂(쾌락) ↔ 苦痛(고통)

快勝(쾌승) ↔ 慘敗(참패)

好況(호황) ↔ 不況(불황)

退化(퇴화) ↔ 進化(진화)

敗北(패배) ↔ 勝利(승리)

虐待(학대) ↔ 優待(우대)

合法(합법) ↔ 違法(위법)

好材(호재) ↔ 惡材(악재)

好轉(호전) ↔ 逆轉(역전)

興奮(흥분) ↔ 鎭靜(진정)

4. 같은 뜻과 비슷한 뜻을 가진 말 (同義語, 類義語)

巨商(거상) - 大商(대상)

謙遜(겸손) - 謙虛(겸허)

共鳴(공명) - 首肯(수긍)

古刹(고찰) - 古寺(고사)

交涉(교섭) - 折衝(절충)

飢死(기사) - 餓死(아사)

落心(낙심) - 落膽(낙담)

妄想(망상) - 夢想(몽상)

謀陷(모함) - 中傷(중상)

矛盾(모순) - 撞着(당착)

背恩(배은) - 亡德(망덕)

寺院(사원) - 寺刹(사찰)

象徵(상징) - 表象(표상)

書簡(서간) - 書翰(서한)

視野(시야) - 眼界(안계)

淳朴(순박) - 素朴(소박)

始祖(시조) - 鼻祖(비조)

威脅(위협) - 脅迫(협박)

一豪(일호) - 秋豪(추호)

要請(요청) - 要求(요구)

精誠(정성) - 至誠(지성)

才能(재능) - 才幹(재간)

嫡出(적출) - 嫡子(적자)

朝廷(조정) - 政府(정부)

學費(학비) - 學資(학자)

土臺(토대) - 基礎(기초)

答書(답서) - 答狀(답장)

暝想(명상) - 思想(사상)

侮蔑(모멸) - 凌蔑(능멸)

莫論(막론) - 勿論(물론)

貿易(무역) - 交易(교역)

放浪(방랑) - 流浪(유랑)

符合(부합) - 一致(일치)

昭詳(소상) - 仔細(자세)

順從(순종) - 服從(복종)

兵營(병영) - 兵舍(병사)

上旬(상순) - 初旬(초순)

永眠(영면) - 別世(별세)

戰歿(전몰) - 戰死(전사)

周旋(주선) - 斡旋(알선)

弱點(약점) - 短點(단점)

類似(유사) - 恰似(흡사)

天地(천지) - 乾坤(건곤)

滯留(체류) - 滯在(체재)

招待(초대) - 招請(초청)

祭需(제수) - 祭物(제물)

造花(조화) - 假花(가화)

他鄕(타향) - 他官(타관)

海外(해외) - 異域(이역)

畢竟(필경) - 結局(결국)

戲弄(희롱) - 籠絡(농락)

寸土(촌토) - 尺土(척토)

煩悶(번민) - 煩惱(번뇌)

先考(선고) - 先親(선친)

同窓(동창) - 同門(동문)

目睹(목도) - 目擊(목격)

思考(사고) - 思惟(사유)

觀點(관점) - 見解(견해)

矜持(긍지) - 自負(자부)

丹靑(단청) - 彩色(채색)

5. 음은 같고 뜻이 다른 말 (同音異義語)

가계
- 家系 : 한 집안의 계통.
- 家計 : 살림살이.

가구
- 家口 : 주거와 생계 단위.
- 家具 : 살림에 쓰이는 세간.

가사
- 歌詞 : 노랫말.
- 歌辭 : 조선시대에 성행했던 시가(詩歌)의 형태.
- 家事 : 집안 일.
- 假死 : 죽음에 가까운 상태.
- 袈裟 : 승려가 입는 승복.

가설
- 假設 : 임시로 설치함.
- 假說 : 가정해서 하는 말.

가장
- 家長 : 집안의 어른.
- 假裝 : 가면으로 꾸밈.
- 假葬 : 임시로 만든 무덤.

감상
- 感想 : 마음에 느끼어 일어나는 생각.
- 鑑賞 : 예술 작품 따위를 이해하고 음미함.
- 感傷 : 마음에 느껴 슬퍼함.

개량
- 改良 : 고쳐서 좋게 함.
- 改量 : 다시 측정함.

개정 { 改定 : 고쳐서 다시 정함.
改正 : 바르게 고침.
改訂 : 고쳐서 정정함

결의 { 決議 : 의안이나 의제 등의 가부를 회의에서 결정함.
決意 : 뜻을 정하여 굳게 마음 먹음.
結義 : 남남끼리 친족의 의리를 맺음.

경계 { 警戒 : 범죄나 사고 등이 일어나지 않도록 미리 조심함.
敬啓 : '삼가 말씀 드립니다'의 뜻.
境界 : 지역이 나누어지는 한계.

경기 { 競技 : 운동이나 무예 등의 기술, 능력을 겨루어 승부를 가림.
京畿 : 서울을 중심으로 한 가까운 지방.
景氣 : 기업을 중심으로 한 여러 가지 경제의 상태.

경비 { 警備 : 경계하고 지킴.
經費 : 일을 처리하는데 드는 비용.

경로 { 經路 : 일이 되어 가는 형편이나 순서.
敬老 : 노인을 공경함.

공론 { 公論 : 공평한 의론.
空論 : 쓸데없는 의론.

공약 { 公約 : 공중(公衆)에 대한 약속.
空約 : 헛된 약속.

과정 { 過程 : 일이 되어가는 경로.
課程 : 과업의 정도. 학년의 정도에 따른 과목.

교감
- 校監 : 학교장을 보좌하여 학교 업무를 감독하는 직책.
- 交感 : 서로 접촉하여 감응함.
- 矯監 : 교도관 계급의 하나.

교단
- 校壇 : 학교의 운동장에 만들어 놓은 단.
- 敎壇 : 교실에서 교사가 강의할 때 올라서는 단.
- 敎團 : 같은 교의(敎義)를 믿는 사람끼리 모여 만든 종교 단체.

교정
- 校訂 : 출판물의 잘못된 글자나 어구 따위를 바르게 고침.
- 校正 : 잘못된 글자를 대조하여 바로잡음.
- 校庭 : 학교 운동장.
- 矯正 : 좋지 않은 버릇이나 결점 따위를 바로 잡아 고침.

구전
- 口傳 : 입으로 전하여 짐. 말로 전해 내려옴.
- 口錢 : 흥정을 붙여주고 그 보수로 받는 돈.

구조
- 救助 : 위험한 상태에 있는 사람을 도와서 구원함.
- 構造 : 어떤 물건이나 조직체 따위의 전체를 이루는 관계.

구호
- 救護 : 어려운 사람을 보호함.
- 口號 : 대중집회나 시위 등에서 어떤 주장이나 요구를 나타내는 짧은 문구.

귀중
- 貴中 : 편지를 받을 단체의 이름 뒤에 쓰이는 높임말.
- 貴重 : 매우 소중함.

금수
- 禽獸 : 날짐승과 길짐승.
- 禁輸 : 수출이나 수입을 금지함.
- 錦繡 : 수놓은 비단.

급수
- 給水 : 물을 공급함.
- 級數 : 기술의 우열을 가르는 등급.

기능 { 技能 : 기술상의 재능.
機能 : 작용, 또는 어떠한 기관의 활동 능력.

기사 { 技士 : 기술직의 이름.
棋士 : 바둑을 전문적으로 두는 사람.
騎士 : 말을 탄 무사.
記事 : 사실을 적음. 신문이나 잡지 등에 어떤 사실을 실어 알리는 일.
記寫 : 기록하여 씀.

기수 { 旗手 : 단체 행진 중에서 표시가 되는 깃발을 든 사람.
騎手 : 말을 타는 사람.
機首 : 비행기의 앞머리.

기원 { 紀元 : 역사상으로 연대를 계산할 때에 기준이 되는 첫 해. 나라를 세운 첫 해.
祈願 : 소원이 이루어지기를 빎.
起源 : 사물이 생긴 근원.
棋院 : 바둑을 두려는 사람에게 장소를 제공하는 업소.

노력 { 勞力 : 어떤 일을 하는데 드는 힘. 생산에 드는 인력(人力).
努力 : 어떤 일을 이루기 위하여 힘을 다하여 애씀.

노장 { 老壯 : 늙은이와 장년.
老莊 : 노자와 장자.
老將 : 늙은 장수. 오랜 경험으로 뛰어난 능력을 가진 사람.

녹음 { 綠陰 : 푸른 잎이 우거진 나무 그늘.
錄音 : 소리를 재생할 수 있도록 기계로 기록하는 일.

단절 { 斷絕 : 관계를 끊음.
斷切 : 꺾음. 부러뜨림.

단정 {
端整 : 깔끔하고 가지런함. 얼굴 모습이 반듯하고 아름다움.
斷情 : 정을 끊음.
斷定 : 분명한 태도로 결정함. 명확하게 판단을 내림.
}

단편 {
短篇 : 소설이나 영화 등에서 길이가 짧은 작품.
斷片 : 여럿으로 끊어진 조각.
斷編 : 조각조각 따로 떨어진 짧은 글.
}

동지 {
冬至 : 24절기의 하나.
同志 : 뜻을 같이 하는 일. 또는 그런 사람.
}

동정 {
動靜 : 움직임과 조용함.
童貞 : 이성과의 성적 관계가 아직 없는 순결성 또는 사람.
　　　 가톨릭에서 '수도자'를 일컫는 말.
同情 : 남의 불행이나 슬픔 따위를 자기 일처럼 생각하여 가슴 아파함.
}

발전 {
發展 : 세력 따위가 널리 뻗어 나감.
發電 : 전기를 일으킴.
}

방문 {
訪問 : 남을 찾아봄.
房門 : 방으로 드나드는 문.
}

방화 {
防火 : 불이 나지 않도록 미리 단속함.
放火 : 일부러 불을 지름.
邦畵 : 우리 나라 영화.
邦貨 : 우리 나라 화폐.
}

보고 {
寶庫 : 귀중한 것이 갈무리되어 있는 곳.
報告 : 결과나 내용을 알림.
}

보도 {
步道 : 사람이 다니는 길.
報道 : 신문이나 방송으로 새 소식을 널리 알림.
寶刀 : 보배로운 칼.
}

부인 { 婦人 : 기혼 여자.
夫人 : 남의 아내를 높이어 이르는 말.
否認 : 인정하지 않음.

부정 { 否定 : 그렇지 않다고 단정함.
不正 : 바르지 못함.
不貞 : 여자가 정조를 지키지 않음.
不淨 : 깨끗하지 못함.

비행 { 非行 : 도리나 도덕 또는 법규에 어긋나는 행위.
飛行 : 항공기 따위의 물체가 하늘을 날아다님.

비명 { 碑銘 : 비(碑)에 새긴 글.
悲鳴 : 몹시 놀라거나 괴롭거나 다급할 때에 지르는 외마디 소리.
非命 : 제 목숨대로 살지 못함.

비보 { 飛報 : 급한 통지.
悲報 : 슬픈 소식.

사고 { 思考 : 생각하고 궁리함.
事故 : 뜻밖에 잘못 일어나거나 저절로 일어난 사건이나 탈.
四苦 : 불교에서, 사람이 한 평생을 살면서 겪는 생(生), 노(老), 병(病), 사(死)의
네 가지 괴로움을 이르는 말.
史庫 : 조선 시대 때, 역사 기록이나 중요한 서적을 보관하던 정부의 곳집.
社告 : 회사에서 내는 광고.

사상 { 史上 : 역사상.
死傷 : 죽음과 다침.
事象 : 어떤 사정 밑에서 일어나는 사건이나 사실.
思想 : 생각이나 의견. 사고 작용으로 얻은 체계적 의식 내용.

사서
- 辭書 : 사전.
- 四書 : 유교 경전인 논어(論語), 맹자(孟子), 대학(大學), 중용(中庸)을 말함.
- 史書 : 역사에 관한 책.

사수
- 射手 : 총포나 활 따위를 쏘는 사람.
- 死守 : 목숨을 걸고 지킴.
- 詐數 : 속임수.

사실
- 史實 : 역사에 실제로 있는 사실(事實).
- 寫實 : 사물을 실제 있는 그대로 그려냄.
- 事實 : 실제로 있었던 일.

사은
- 師恩 : 스승의 은혜.
- 謝恩 : 입은 은혜에 대하여 감사함.
- 私恩 : 개인끼리 사사로이 입은 은혜.

사장
- 社長 : 회사의 우두머리.
- 査丈 : 사돈집의 웃어른.
- 射場 : 활 쏘는 터.

사전
- 辭典 : 낱말을 모아 일정한 순서로 배열하여 싣고 그 발음, 뜻 등을 해설한 책.
- 事典 : 여러 가지 사물이나 사항을 모아 그 하나 하나에 장황한 해설을 붙인 책.
- 私田 : 개인 소유의 밭.
- 事前 : 무슨 일이 일어나기 전.

사정
- 査正 : 그릇된 것을 조사하여 바로잡음.
- 司正 : 공직에 있는 사람의 질서와 규율을 바로 잡는 일.
- 事情 : 일의 형편이나 그렇게 된 까닭.

상가 {
商街 : 상점이 줄지어 많이 늘어 서 있는 거리.
商家 : 장사를 업으로 하는 집.
喪家 : 초상난 집.
}

상품 {
上品 : 높은 품격. 상치. 극락정토의 최상급.
商品 : 사고 파는 물건.
賞品 : 상으로 주는 물품.
}

성대 {
盛大 : 행사의 규모, 집회, 기세 따위가 아주 거창함.
聲帶 : 후두 중앙에 있는, 소리를 내는 기관.
}

성시 {
成市 : 장이 섬. 시장을 이룸.
盛市 : 성황을 이룬 시장.
盛時 : 나이가 젊고 혈기가 왕성한 때.
}

수도 {
首都 : 한 나라의 중앙 정부가 있는 도시.
水道 : 상수도와 하수도를 두루 이르는 말.
修道 : 도를 닦음.
}

수상 {
受賞 : 상을 받음.
首相 : 내각의 우두머리. 국무총리.
殊常 : 언행이나 차림새 따위가 보통과 달리 이상함.
隨想 : 사물을 대할 때의 느낌이나 그때그때 떠오르는 생각.
受像 : 텔레비전이나 전송 사진 등에서, 영상(映像)을 전파로 받아 상(像)을 비침.
}

수석 {
首席 : 맨 윗자리. 석차 따위의 제 1위.
壽石 : 생긴 모양이나 빛깔, 무늬 등이 묘하고 아름다운 천연석.
樹石 : 나무와 돌.
水石 : 물과 돌. 물과 돌로 이루어진 자연의 경치.
}

수신
{
受信 : 통신을 받음.
水神 : 물을 다스리는 신.
修身 : 마음과 행실을 바르게 하도록 심신(心身)을 닦음.
守身 : 자기의 본분을 지켜 불의(不義)에 빠지지 않도록 함.
}

수집
{
收集 : 여러 가지 것을 거두어 모음.
蒐集 : 여러 가지 자료를 찾아 모음.
}

시기
{
時機 : 어떤 일을 하는 데 알맞을 때.
時期 : 정해진 때. 기간.
猜忌 : 샘하여 미워함.
}

시상
{
詩想 : 시를 짓기 위한 시인의 착상이나 구상.
施賞 : 상장이나 상품 또는 상금을 줌.
}

시세
{
時勢 : 시국의 형편.
市勢 : 시장에서 수요와 공급의 원활한 정도.
}

시인
{
詩人 : 시를 짓는 사람.
是認 : 옳다고, 또는 그러하다고 인정함.
}

실사
{
實事 : 실제로 있는 일.
實査 : 실제로 검사하거나 조사함.
實寫 : 실물(實物)이나 실경(實景), 실황(實況) 등을 그리거나 찍음.
}

실수
{
實數 : 유리수와 무리수를 통틀어 이르는 말.
失手 : 부주의로 잘못을 저지름.
實收 : 실제 수입이나 수확.
}

역설 { 力說 : 힘주어 말함.

逆說 : 진리와는 반대되는 말을 하는 것처럼 들리나, 잘 생각해 보면 일종의
진리를 나타낸 표현. (사랑의 매, 작은 거인 등)

우수 { 優秀 : 여럿 가운데 특별히 뛰어남.

憂愁 : 근심과 걱정.

원수 { 元首 : 한 나라의 최고 통치권을 가진 사람.

怨讐 : 원한이 맺힌 사람.

元帥 : 군인의 가장 높은 계급, 또는 그 명예 칭호.

유전 { 遺傳 : 끼쳐 내려옴. 양친의 형질(形質)이 자식에게 전해지는 현상.

流轉 : 이리저리 떠돌아다님.

油田 : 석유가 나는 곳.

流傳 : 세상에 널리 퍼짐.

유학 { 儒學 : 유교의 학문.

留學 : 외국에 가서 공부함.

遊學 : 타향에 가서 공부함.

幼學 : 지난 날, 벼슬하지 않은 유생을 이르는 말.

이상 { 異狀 : 평소와 다른 상태.

異常 : 보통과는 다른 상태. 어떤 현상이 이미 가지고 있는 경험이나 지식으로는
헤아릴 수 없을 만큼 별남.

異象 : 특수한 현상.

理想 : 각자의 지식이나 경험 범위에서 최고라고 생각되는 상태.

이성 { 理性 : 사물의 이치를 논리적으로 생각하고 판단하는 마음의 작용.

異姓 : 다른 성, 타 성.

異性 : 남성 쪽에서 본 여성, 또는 여성 쪽에서 본 남성.

이해 { 理解 : 사리를 분별하여 앎.
      利害 : 이익과 손해.

인도 { 引導 : 가르쳐 이끎. 길을 안내함. 미혹한 중생(衆生)을 이끌어 오도(悟道)에 들게 함.
      人道 : 차도 따위와 구별되어 있는 사람이 다니는 길. 사람으로서 지켜야 할 도리.
      引渡 : 물건이나 권리 따위를 건네어 줌.

인상 { 印象 : 마음에 남는 자취. 접촉한 사물 현상이 기억에 새겨지는 자취나 영향.
      引上 : 값을 올림.

인정 { 人情 : 사람이 본디 지니고 있는 온갖 심정.
      仁政 : 어진 정치.
      認定 : 옳다고 믿고 인정함.

장관 { 壯觀 ; 훌륭한 광경.
      長官 : 나라 일을 맡아보는 행정 각부의 책임자.

재고 { 再考 : 다시 한 번 생각함.
      在庫 : 창고에 있음. '재고품'의 준말.

전경 { 全景 : 전체의 경치.
      戰警 : '전투 경찰대'의 준말.
      前景 : 눈 앞에 펼쳐져 보이는 경치.

전시 { 展示 : 물품 따위를 늘어 놓고 일반에게 보임.
      戰時 : 전쟁을 하고 있는 때.

정당 { 政黨 : 정치적인 단체.
      政堂 : 옛날의 지방 관아.
      正當 : 바르고 옳음.

정리
{
定理 : 이미 진리라고 증명된 일반된 명제.
整理 : 흐트러진 것을 바로 잡음.
情理 : 인정과 도리.
正理 : 올바른 도리.
}

정원
{
定員 : 일정한 규정에 따라 정해진 인원.
庭園 : 집 안의 뜰.
正員 : 정당한 자격을 가진 사람.
}

정전
{
停電 : 송전(送電)이 한때 끊어짐.
停戰 : 전투 행위를 그침.
}

조리
{
條理 : 앞 뒤가 들어맞고 체계가 서는 갈피.
調理 : 음식을 만듦.
}

조선
{
造船 : 배를 건조함.
朝鮮 : 상고 때부터 써내려오던 우리 나라 이름. 이성계가 건국한 나라.
}

조화
{
調和 : 대립이나 어긋남이 없이 서로 잘 어울림.
造化 : 천지 자연의 이치.
造花 : 인공으로 종이나 헝겊 따위로 만든 꽃.
弔花 : 조상(弔喪)하는 뜻으로 바치는 꽃.
}

주관
{
主管 : 어떤 일을 책임지고 맡아 관할, 관리함.
主觀 : 외계 및 그 밖의 객체를 의식하는 자아. 자기 대로의 생각.
}

지급
{
至急 : 매우 급함.
支給 : 돈이나 물품 따위를 내어 줌.
}

지도
{
指導 : 가르치어 이끌어 줌.
地圖 : 지구를 나타낸 그림.
}

지성 { 知性 : 인간의 지적 능력.
     至誠 : 정성이 지극함.

지원 { 志願 : 뜻하여 몹시 바람. 그런 염원이나 소원.
     支援 : 지지해 도움. 원조함.

직선 { 直選 : '직접 선거'의 준말.
     直線 : 곧은 줄.

초대 { 招待 : 남을 불러 대접함.
     初代 : 어떤 계통의 첫 번째 차례 또 그 사람의 시대.

최고 { 最古 : 가장 오래됨.
     最高 : 가장 높음. 또는 제일 임.
     催告 : 재촉하는 뜻으로 내는 통지.

축전 { 祝電 : 축하 전보.
     祝典 : 축하하는 식전.

통화 { 通貨 : 한 나라에서 통용되는 화폐.
     通話 : 말을 주고 받음.

표지 { 表紙 : 책의 겉장.
     標紙 : 증거의 표로 글을 적는 종이.

학원 { 學園 : 학교와 기타 교육 기관을 통틀어 이르는 말.
     學院 : 학교가 아닌 사립 교육 기관.

화단 { 花壇 : 화초를 심는 곳.
     畵壇 : 화가들의 사회.